# DERECHO EN ESCENA:
## EXPLORANDO EL DERECHO PENAL DESDE LA PANTALLA

**MARINA MÍNGUEZ ROSIQUE /
DAVID GALLEGO ARRIBAS** (Dirs.)
**RUT LOPERA VIÑÉ** (Coord.)

EOLAS
ediciones

·MONOGRAFÍAS·

**DERECHO EN ESCENA:**
EXPLORANDO EL DERECHO PENAL DESDE LA PANTALLA

© MARINA MÍNGUEZ ROSIQUE (Dir.)
© DAVID GALLEGO ARRIBAS (Dir.)
© RUT LOPERA VIÑÉ (Coord.)

# EOLAS
e d i c i o n e s

**I.S.B.N.** 978-84-10057-96-8

**Depósito Legal:** LE 115-2025

**DISEÑO PORTADA Y MAQUETACIÓN:**
Mikel Mandon / contactovisual.es

**Impreso en España**

# AUTORES/AS

## DOCENTES

GONZALO J. BASSO, Profesor Contratado Doctor de Derecho penal
ANDREA BRAVO BOLADO, Contratada Predoctoral de Derecho penal
NICOLÁS CANTARD, Profesor Ayudante de Derecho penal
JUAN DAMIÁN MORENO, Catedrático de Derecho procesal
ÁNGELA PILAR FERNÁNDEZ RODRÍGUEZ, Profesora Ayudante de Derecho procesal
DAVID GALLEGO ARRIBAS, Profesor Ayudante de Derecho penal
RUT LOPERA VIÑÉ, Contratada Predoctoral de Derecho penal
MARINA MÍNGUEZ ROSIQUE, Profesora Permanente Laboral de Derecho penal
LEOPOLDO PUENTE RODRÍGUEZ, Profesor Ayudante Doctor de Derecho penal
DANIEL RODRÍGUEZ HORCAJO, Profesor Contratado Doctor de Derecho penal
ANA BELÉN VALVERDE-CANO, Contratada Ramón y Cajal UCM, Derecho penal

## ESTUDIANTES

NATALIA SOFÍA BOZA SCOTTO, Grado en Derecho
SARA CALERO GOYEN, Doble Grado en Derecho y en Ciencia Política y Administración Pública
MARÍA DAVÓ CORTIJO, Doble Grado en Derecho y en Administración y Dirección de Empresas
CARLA DÍEZ CHU, Doble Grado en Derecho y en Ciencia Política y Administración Pública
ALEJANDRO LASO GIBERT, Grado en Derecho
DANIEL MARTÍNEZ-ARANA, Doble Grado en Derecho y en Ciencia Política y Administración Pública
ANTONIO PIPÓ PÉREZ-TEJADA, Doble Grado en Derecho y en Ciencia Política y Administración Pública
EMILIO ABRAHAM SPÓSITO, Grado en Derecho

# ÍNDICE

# PRÓLOGO

«El cine es un espejo pintado», decía Ettore Scola, y pocas disciplinas encuentran en este espejo una reflexión tan clara y necesaria como el Derecho penal. A lo largo de la historia, el séptimo arte ha ofrecido una ventana única para observar y analizar las complejas dinámicas del crimen y de cómo éste se afronta desde la justicia. A través de sus narrativas visuales, el cine y, en los últimos tiempos, también las series proyectadas en la televisión o en plataformas de *streaming*, nos permite explorar dilemas legales, a menudo abstractos y difíciles de aprender en el aula.

La pequeña y la gran pantalla, con su poder para dramatizar y humanizar, ofrecen una plataforma invaluable para visualizar los problemas que plantea la vida real. Las películas y las series no sólo narran historias, sino que también exponen las consecuencias de las acciones y las vicisitudes en la aplicación de la ley. Así, nos invitan a reflexionar sobre conceptos como la antijuridicidad, la culpabilidad, los fines de la pena, las garantías del proceso penal o los desafíos que presentan las nuevas tecnologías. Al ver cómo los personajes lidian con estos problemas, los/as espectadores/as pueden obtener una comprensión más profunda y emocional de los temas tratados.

Para los estudiantes de Derecho, el cine, las series o los documentales pueden no ser únicamente un entretenimiento, sino que también pueden operar como una poderosa herramienta pedagógica. A través de cuestiones reflejadas en la pantalla, pueden relacionar cuestiones aprendidas y analizarlas, desarrollando competencias esenciales como el pensamiento crítico, la capacidad de subsunción de unos hechos en un problema concreto o, fuertemente vinculado al ejercicio de la profesión de la abogacía, su capacidad de argumentación. Al observar cómo se presentan y resuelven los conflictos en la pantalla, los/as futuros juristas pueden mejorar su habilidad para interpretar y aplicar la ley en contextos reales. Además, con ello se fomenta la discusión y el debate, elementos cruciales en la formación de un/a abogado/a capaz de comprender diversas perspectivas y de defender sus puntos de vista con solidez y claridad.

Este libro, resultado del proyecto de innovación docente «Derecho en escena: explorando el Derecho Penal desde la pantalla» (D_002.23_INN) de la Universidad

Autónoma de Madrid (UAM), pone de manifiesto los frutos de explorar el Derecho penal desde la pantalla, utilizando películas y/o series como un medio para enriquecer la comprensión y la enseñanza de esta rama del Derecho. Las distintas contribuciones analizan diversos problemas jurídico-penales, estando sus autores/as motivados por el visionado de diferentes obras audiovisuales que les evocaron cuestiones tratadas en sus aulas, y desentrañando, con un lenguaje sencillo cuestiones que pueden ser útiles a estudiantes y a profesionales del Derecho, pero también a personas ajenas al mundo jurídico, acercándoles así cuestiones normalmente reservadas a quienes se dedican a nuestro campo de conocimiento.

Por último, no podemos cerrar este prólogo sin agradecer enormemente a todas las personas implicadas en el proyecto el trabajo que han llevado a cabo. Por un lado, a los/as distintos/as docentes intervinientes, por encontrar un hueco en la demandante agenda de clases e investigación que hoy en día impone la Universidad española. Por otro lado, a nuestros/as estudiantes, incluyendo aquí no sólo a quienes finalmente han contribuido a esta obra colectiva, sino también a quienes expusieron presencialmente o, aun sin hacerlo, enviaron un escrito con sus distintas reflexiones.

Ahora sí: ¡luces, cámara, acción!

# LAS DOS CARAS DE LA JUSTICIA

GONZALO J. BASSO

*Profesor Contratado Doctor de Derecho penal*

Que la pena como sanción paradigmática de nuestro sistema de consecuencias jurídicas del delito tiene en cuenta muy especialmente al sujeto activo y no propiamente a la víctima del mismo se vislumbra con claridad al efectuar un examen de las teorías de la pena (y de su determinación) más difundidas en la doctrina[1]. Y ello se constata incluso cuando se asigna cierta relevancia a la víctima, como sucede en la teoría desarrollada por A. von Hirsch, que constituye —a mi parecer— uno de los enfoques penológicos más profundos, completos e internacionalmente estudiados —tanto en el ámbito anglonorteamericano como continental—[2].

La teoría de von Hirsch se explica distinguiendo dos momentos: el de la justificación de la pena y el de la determinación de su medida. Respecto al primero, el autor adhiere a una particular justificación dual sustentada en la función de censura y en la función de prevención del castigo[3]; respecto al segundo, mantiene su defensa de una teoría de la proporcionalidad estricta basada en la idea de merecimiento por el hecho culpable y en la distinción entre proporcionalidad cardinal y proporcionalidad

---

1     Sobre ello, véanse, especialmente PEÑARANDA RAMOS, E., «La pena: nociones generales», en LASCURAÍN SÁNCHEZ, J. A. (coord.), *Introducción al Derecho Penal*, 2.ª ed., Civitas/Thomson Reuters, 2015, pp. 261 y ss.; RODRÍGUEZ HORCAJO, D., *Comportamiento humano y pena estatal: disuasión, cooperación y equidad*, Marcial Pons, 2016, pp. 29 y ss.; BASSO, G., *Determinación judicial de la pena y proporcionalidad con el hecho*, Marcial Pons, 2019, pp. 81 y ss.

2     La teoría de la pena (y de su determinación) de VON HIRSCH, A., se ha ido perfilando, profundizando y modulando muy especialmente en sus monografías *Doing justice. The Choice of Punishments. Report of the Committee for the study of incarceration*, Hill and Wang, 1976; *Past and future crimes: deservedness and dangerousness in the sentencing of criminals*, Rutgers University Press, 1985; *Censure and sanctions*, Oxford University Press, 1993 y *Deserved criminal sentences. An overview*, Hart Publishing, 2017. Por razones de espacio, limitaré aquí mis referencias a la última obra recién detallada.

3     VON HIRSCH, A., 2017, pp. 145 y ss.

ordinal. Que von Hirsch distinga dos momentos no significa que entre ellos no exista interrelación alguna: la función de censura (desaprobatoria, comunicativa o expresiva) del castigo constituye la base conceptual del principio rector de determinación de la pena, esto es, del principio de proporcionalidad —la dimensión del juicio de censura debe reflejarse en la medida del castigo proporcional a la gravedad del hecho—[4].

La justificación dual del castigo que propone von Hirsch no reviste, sin embargo, carácter simétrico: el autor asigna de forma explícita un peso prevalente a la *función expresiva* (*comunicativa*) por sobre el que atribuye a la *función preventiva* (*instrumental*) —que reviste carácter *suplementario*—[5]. La función expresiva de la pena —que se orienta *retrospectivamente*— consiste en que el Estado envía un mensaje a través del castigo, procurando que sus (múltiples) destinatarios —la víctima, el sujeto activo del delito y la sociedad en su conjunto[6]— comprendan que el delinquir resulta reprochable y que las normas se deben cumplir porque es lo correcto[7]; se trata de un llamamiento *moral* para que los ciudadanos no delincan y para que se orienten de conformidad con lo normativamente exigible (todos somos agentes morales susceptibles de comprender la adecuación de nuestras conductas[8]).

La función preventiva —que se orienta, en cambio, *prospectivamente*—[9], por su parte, consiste en suministrar a los ciudadanos razones *adicionales* de tipo *prudencial*, a fin de intentar convencerles de que se mantengan al margen del delito no ya porque ello sea lo correcto, sino porque instrumentalmente es, además, lo más razonable —el no hacerlo supondrá consecuencias no placenteras consistentes en la aflicción de dolor a través de la imposición de la pena—. Dicha función preventiva (razones *prudenciales* para no delinquir) reviste especial importancia en supuestos en que la función expresiva (razones *normativas* para no delinquir) no resulta suficiente para evitar la conducta prohibida, especialmente cuando se trata de personas que puedan estar tentadas a cometer delitos (todos somos agentes morales, pero falibles[10]). Justamente en la función de prevención sitúa von Hirsch la explicación de por qué el castigo no reviste un carácter puramente simbólico o comunicativo: la imposición de penas aflictivas

---

4    VON HIRSCH, A., 2017, pp. 1, 4, 21, 31, 49-54 y conc.

5    *Ibid.*, pp. 32-43 —especialmente, p. 40: «*La función preventiva [...] opera solo dentro del marco de la censura*»—); véanse también pp. 21, 45 y 139.

6    *Ibid.*, pp. 33-34.

7    *Ibid.*, p. 31.

8    *Ibid.*, pp. 34-35.

9    Que ostenta un papel que, aunque no prevalente, no resulta nada desdeñable (véase *ibid.*, pp. 9, 18-19, 36-39 y conc.).

10   *Ibid.*, pp. 36-39.

se explica en tanto que sirve de «*vehículo para transmitir censura*», suministrando razones prudenciales *adicionales* para que el sujeto se comporte conforme a Derecho[11].

Respecto a la determinación de la pena, von Hirsch postula diferenciar entre proporcionalidad *cardinal* (absoluta) y proporcionalidad *ordinal* (relativa)[12]. La primera categoría —proporcionalidad *cardinal*— se vincula con exigencias asociadas al nivel de severidad general de castigos que el autor identifica esencialmente con la fijación de los puntos de anclaje mínimo y máximo de la escala de penas del sistema[13]; tales puntos de anclaje surgirían de convenciones[14] que darían respuesta a la pregunta de qué nivel de castigos debería caracterizar al sistema de penas[15].

La segunda categoría —proporcionalidad *ordinal*—, en cambio se relaciona con la posibilidad de efectuar juicios comparativos respecto a la gravedad de los hechos delictivos cometidos y de las penas aplicables, y exige desarrollar mecanismos que permitan graduar la diversa gravedad que unos y otras pueden presentar. Ello con la finalidad de que se castiguen con más severidad supuestos de mayor lesividad y con menos severidad supuestos de menor lesividad[16]. La proporcionalidad ordinal plantea dos exigencias fundamentales, a saber: a) la exigencia de paridad, que requiere que a crímenes de gravedad comparable se asigne un tratamiento penológico comparable, y b) la exigencia de ordenación por rangos, que supone que crímenes que pertenezcan a rangos de delitos más graves deben recibir una sanción punitiva más severa que aquellos pertenecientes a rangos de delitos más leves[17]. En cuanto al contenido de la categoría de proporcionalidad *ordinal*, el autor afirma que los criterios centrales a

---

11   *Ibid.*, p. 37.
12   *Ibid.*, pp. 55-69, 146-147 y conc.
13   *Ibid.*, p. 56. Existen otros puntos de anclaje de relevancia *cardinal*, pero sobre ellos no se precisa demasiado; en p. 126, por ejemplo, se alude a que también la determinación de la penalidad que condiciona la posibilidad de aplicar penas no privativas de libertad ('*in-out*' *boundary*) constituye un punto de anclaje (proporcionalidad cardinal) a fijar.
14   *Ibid.*, pp. 23, 60 y conc.
15   La categoría «proporcionalidad cardinal» ha recibido menor atención que la categoría «proporcionalidad ordinal» por parte de von Hirsch. Con todo, resulta claro que para el autor la idea de moderación resulta primordial y debe guiar el sistema integral de atribución del castigo estatal: «*La moderación en niveles de punición resulta necesaria para asegurar un papel significativo al elemento de censura en el castigo. Mientras más elevados sean los niveles de castigo, menor relevancia tendrán las razones normativas para desistir que emergen de la censura penal, y el sistema se tornará en mayor medida en uno esencialmente de amenazas puras*» (*ibid.*, p. 111). De ello se desprende que para el autor censura, moderación y proporcionalidad cardinal no constituyen conceptos desconectados.
16   *Ibid.*, pp. 56-57.
17   *Ibid.*, p. 58.

tener en cuenta se sitúan en la amplia valoración del nivel de afectación de la calidad de vida de la víctima y de quien sufre la pena —según se trate de la ordenación y sistematización de la gravedad relativa de los delitos o de las penas, respectivamente—[18].

Dentro del respeto del requerimiento (ordinal) de paridad, von Hirsch admite que incidan consideraciones preventivo-especiales (positivas): así, por ejemplo, acepta que la clase de pena —no su cuantía— sea decidida en función de las perspectivas de rehabilitación del sujeto, siempre que las sanciones concurrentes de posible aplicación —consistan o no en privación de libertad— sean del mismo nivel de severidad —*same penal bite*—; el autor reconoce también que el ofrecimiento de un tratamiento rehabilitador a una persona condenada no afecta la severidad del castigo impuesto y resulta legítimo —siempre que revista carácter voluntario—[19].

De la teoría desarrollada por von Hirsch, como se anticipó, se infiere que la principal herramienta sancionatoria (la pena) está pensada muy especialmente, y desde un plano más bien general, en torno a cómo *castigar* al sujeto activo del delito. Pero frente a *esa cara de la justicia*, se debe tener presente que existe *otra cara contrapuesta*, tradicionalmente más bien desatendida y que se viene procurando tomar en consideración desde enfoques de *justicia restaurativa*, enfoques estos últimos preocupados por solucionar los conflictos humanos subyacentes al concreto delito perpetrado a través de la inclusión y participación activa de otros actores (muy especialmente de la víctima), y por priorizar la asunción de responsabilidad y la rehabilitación del sujeto activo del delito junto con la reparación del daño sufrido por la víctima[20]. Sobre esta

---

18  *Ibid.,* pp. 23-24 y 63 y ss., 147 y conc.

19  *Ibid.,* pp. 59, 88-93 y conc.

20  Recientemente, sobre la justicia restaurativa en la doctrina española, véanse, entre otros, RÍOS MARTÍN, J. C., «Procesos de Justicia Restaurativa en abusos sexuales cometidos en el seno de la Iglesia Católica española. Reflexiones, aprendizajes y propuestas desde la experiencia», *InDret*, núm. 1, 2023, pp. 224 y ss.; NIETO MARTÍN, A., «Una pieza más en la Justicia restaurativa empresarial: Programas de cumplimiento restaurativos», *Revista de Victimología*, núm. 15, 2023, pp. 147 y ss.; FRANCÉS LECUMBERRI, P., «El enfoque de género y los servicios de justicia restaurativa desde algunos de sus responsables en Cataluña, País vasco y Navarra, con una muestra desde la observación participante», *Revista de Victimología*, núm. 17, 2023, pp. 137 y ss.; BENITO LÓPEZ, R., «Algunas propuestas para incorporar un modelo restaurador en el régimen disciplinario penitenciario», en PEÑARANDA RAMOS, E., LASCURAÍN SÁNCHEZ, J. A. (coords.), *Liber amicorum en homenaje a Julio Díaz-Maroto Villarejo*, UAM Ediciones, 2023, pp. 57 y ss.; DÍAZ LÓPEZ, J. A., «Mediación penal restaurativa con empresas víctimas», *La ley, Mediación y arbitraje*, núm. 19, 2024, pp. 1 y ss.; ALONSO RIMO, A., *El diálogo como derecho. Bases para la concepción y aplicación de un modelo extensivo de justicia restaurativa*, Dykinson, 2024.

otra cara trata la reciente película francesa *Las dos caras de la justicia* (2023)[21], en la que se escenifica de forma excelente y con mucha sensibilidad el valor reparador o rehabilitador, según el caso —y más allá de las dificultades inherentes a su diseño e implementación—, que pueden tener los encuentros —en entornos seguros, supervisados y voluntarios— entre víctimas y victimarios en el campo de los delitos patrimoniales y sexuales.

---

21    Título original en francés: *Je verrai toujours vos visages.*

# POBRES CRIATURAS: CONSENTIMIENTO Y TIPICIDAD EN LOS DELITOS CONTRA LA LIBERTAD SEXUAL

NATALIA SOFÍA BOZA SCOTTO

*Estudiante del Grado en Derecho*

## 1. INTRODUCCIÓN

El eslogan «solo sí es sí» marca un hito en el movimiento feminista español, que impulsó cambios en el ordenamiento jurídico a través de la Ley Orgánica 10/2022 de garantía integral de la libertad sexual[22]. La figura central del consentimiento en esta esfera delictual obliga a preguntarse por la validez de la aceptación: *¿sí es siempre sí?*

Tal interrogante es examinado a través de Bella Baxter, personaje interpretado por Emma Stone, premiada con el Oscar a la mejor actriz, uno de los 4 galardones de la película *Pobres Criaturas* (2024), dirigida por Giórgos Lánthimos (Grecia, 1973). El guion es una adaptación escrita por Tony McNamara (Australia, 1967) de la novela *Poor Things* (1992) de Alasdair Gray (Escocia, 1934-2019), inspirada en *Frankenstein o El moderno Prometeo* (1818), de la escritora inglesa Mary Wollstonecraft Godwin, conocida como Mary Shelley (Inglaterra, 1797-1851).

La historia comienza con el suicidio de Bella, cuyo cuerpo inerte es aprovechado por Godwin Baxter (Willem Dafoe), científico habituado a experimentar con animales, que logra revivirla tras extraer su cerebro e implantarle el de un *nasciturus*. Criada por Godwin como una hija, Bella progresa con rapidez mientras el discípulo de aquel, Max McCandless (Ramy Youssef), registra con detalle cada avance. Bajo la asesoría del abogado Duncan Wedderburn (Mark Ruffalo), Godwin y Max redactan un contrato matrimonial entre este último y Bella, que no llega a celebrarse porque la joven huye con Duncan, iniciando un período de intensa sexualidad.

---

22  CANCIO MELIÁ, M., «Alguna breve consideración sobre la reforma de los delitos contra la libertad sexual», *Actas del III Congreso Internacional FICP*, 2022, *passim*.

## 2. EXISTENCIA DE CONSENTIMIENTO

El tipo básico del delito de agresión sexual se describe como *«el que realice cualquier acto que atente contra la libertad sexual de otra persona sin su consentimiento...»* (art. 178.1 CP). La tipicidad de la conducta se condiciona expresamente a la voluntad contraria o falta de anuencia de la víctima, sin exigir la jurisprudencia actual su resistencia, sea considerable o tan solo razonable[23].

Desde la perspectiva del Derecho Penal, el consentimiento —elemento normativo jurídico— concurre cuando el sujeto acepta, en determinadas condiciones, que el autor realice la conducta que sin tal aquiescencia constituiría delito[24]. La aceptación excluye la tipicidad en los delitos contra la libertad, desapareciendo la lesividad de la conducta[25].

Siguiendo esta línea argumentativa, podría aseverarse que Bella Baxter consiente las relaciones con Duncan, faltando un elemento del tipo. Una mujer adulta que ejerce su derecho a la libertad sexual, sin coacción alguna y en el libre desarrollo de su personalidad (art. 10.1 CE), es una situación ajena al Derecho Penal por no existir un comportamiento reprochable.

## 3. INVALIDEZ DEL CONSENTIMIENTO

Debe objetarse, sin embargo, la validez y eficacia del consentimiento de Bella. Incorporada en la reciente reforma del Código Penal (2022)[26], según la definición legal *«sólo se entenderá que hay consentimiento cuando se haya manifestado libremente mediante actos que, en atención a las circunstancias del caso, expresen de manera clara la voluntad de la persona»* (art. 178.1 CP). A diferencia de la capacidad jurídica en el Derecho civil, para el Derecho penal basta la capacidad natural de discernimiento o comprensión que permita a la víctima advertir el significado y alcance de su consentimiento, excluyéndose el merecimiento de la pena del hecho consentido[27].

---

23    CANCIO MELIÁ, M. / MARAVER GÓMEZ, M., «Spain», en REED, A. Y BOHLANDER, M. (eds.), *Consent: Domestic and comparative perspectives.* Routledge, 2017, p. 415.

24    MIR PUIG, S., *Derecho Penal: Parte general*, 10.ª ed., Reppertor, 2016, p. 522.

25    *Ibid.*, pp., 522, 524-525.

26    CANCIO MELIÁ, M., 2022, p. 13.

27    MIR PUIG, S., 2016, p. 531; CANCIO MELIÁ, M. / MARAVER GÓMEZ, M., 2017, p. 406.

Es esencial examinar la capacidad de Bella, aunque no en aplicación de la edad mínima exigida por el legislador para manifestar válidamente la voluntad sexual —16 años—[28], porque ella excede esa edad cronológica. Como su cuerpo adulto no se corresponde con su cerebro, a pesar de sus rápidos avances, difícilmente pueda afirmarse que Bella haya alcanzado el pleno discernimiento para advertir el significado y alcance de su consentimiento.

Al tener un cerebro inmaduro, pero también por su aislamiento y crianza en un contexto completamente controlado por Godwin, debe sostenerse la discapacidad mental de Bella. Y la ausencia de discernimiento natural en virtud de su discapacidad conlleva la ineficacia del consentimiento manifestado por ella, siendo subsumible la conducta de Duncan en el tipo penal de agresión sexual.

## 4. DISCAPACIDAD Y AUTODETERMINACIÓN EN LA JURISPRUDENCIA

La jurisprudencia reconoce el derecho de las personas con discapacidad psíquica a una vida sexual, ínsita a la dignidad (SSTS 294/2022, de 24 de marzo de 2022 y 596/2022, de 15 de junio de 2022); incluso, el TS sostuvo la capacidad de autodeterminación sexual y la validez del consentimiento de una mujer con 71% de minusvalía por entender tal actividad, aunque de manera básica (STS 596/2022, de 15 de junio de 2022).

No obstante, el reconocimiento de la autodeterminación sexual es *prima facie*, porque dependerá de las circunstancias de cada caso concreto. Por ello, la jurisprudencia exige analizar «*si el contacto sexual mantenido por una persona con discapacidad psíquica deriva de su propia determinación o si, por el contrario, solo encuentra explicación en la prevalencia abusiva del acusado… conocedor de esas limitaciones*» (STS 596/2022, de 15 de junio de 2022).

En consecuencia, la falta de madurez intelectual de Bella y de un conocimiento básico sobre la sexualidad y sus consecuencias esenciales, corroborado por las circunstancias en que luego llega incluso a prostituirse, permite concluir que su consentimiento está viciado, configurándose la tipicidad de la conducta.

---

28    CANCIO MELIÁ, M. / MARAVER GÓMEZ, M., 2017, p. 406.

## 5. ERROR DE TIPO

A pesar de la ineficacia del consentimiento de la víctima discapacitada, el error de tipo puede descartar la tipicidad por creer equivocadamente el sujeto activo que aquella —titular del bien jurídico— ha prestado su consentimiento. Por lo tanto, el desconocimiento de Duncan sobre la discapacidad de Bella podría configurar un error sobre un elemento esencial del tipo, al creer que la situación era consentida.

En caso de determinarse la existencia del error, sorprendentemente su calificación jurídica —vencible o invencible— carecería de incidencia práctica en estos delitos. Por una parte, el error invencible —aquel que no puede evitarse ni siquiera con la diligencia debida[29]— excluye la responsabilidad penal (art. 14.1 CP) debido a que descarta la *mens rea*[30], el dolo típico[31] y, por ende, la tipicidad: «*la pura causación de un resultado lesivo sin dolo ni imprudencia resulta* atípica»[32].

Por el contrario, ante un error vencible que recaiga sobre los hechos, solo sería posible sancionar la conducta como un delito imprudente, «*en su caso*» (art. 14.1 CP); pero el carácter doloso de los delitos contra la libertad sexual conllevaría la impunidad de Duncan. ¿Acaso la integridad sexual de las personas no es razón suficiente para exigir una mayor diligencia en la apreciación de las circunstancias fácticas? Incorporar en la legislación penal el carácter punible de la agresión sexual *imprudente*, constituye un relevante tema de debate en cuanto a la política criminal en España.

Sin embargo, distintos acontecimientos del caso concreto desdicen el error de tipo. Duncan fue el asesor y redactor del contrato entre Godwin y Max a fin de arreglar un matrimonio entre este y Bella. Extrañado por los términos del acuerdo, el abogado recorrió a escondidas la casa hasta encontrar la habitación de la joven, donde hubo una primera agresión. Tras allanar la morada aquella misma noche, trepados al techo de la edificación, Duncan le propuso marcharse con él. Así, por información obtenida en el ejercicio de su profesión, él conocía la minusvalía y se aprovechó de esta.

---

29   MIR PUIG, S., 2016, p. 279.
30   CANCIO MELIÁ, M. / MARAVER GÓMEZ, M., 2017, p. 408.
31   MIR PUIG, S., 2016, p. 278.
32   *Ibid.*, p. 280.

## 6. RESPONSABILIDAD PENAL

En conclusión, tras constatarse la invalidez del consentimiento de Bella en virtud de la falta de discernimiento y descartarse el error sobre las circunstancias por parte de Duncan, resulta forzoso establecer la tipicidad de la conducta de este, concretándose un delito continuado de agresión sexual con la agravante específica de haberse cometido sobre una víctima cuya voluntad estaba «anulada» (art. 178.3 CP).

Finalmente, al intentar un paralelismo entre la historia de *Pobres Criaturas* y su fuente de inspiración, *Frankenstein*, destaca el palmario contraste entre el monstruoso personaje de M. Shelley y su versión femenina. Bella Baxter conserva una inalterada simetría y está dotada de indiscutible belleza, pero además se perfila muy sexualizada y, sobre todo, intelectualmente vulnerable. En oposición a una lectura desprevenida, la trama puede catalogarse como una adaptación en extremo machista de una historia originalmente escrita por la hija de una reconocida feminista; un personaje representado por una gran actriz de Hollywood, que —esperemos— sirva al menos para concienciar sobre la interrogante: *¿sí es siempre sí?*

# DE *BARBIELAND* AL ABURRIDO MUNDO REAL: DE CÓMO BARBIE PUEDE CONVERTIRSE EN UNA DELINCUENTE ATÍPICA

## ANDREA BRAVO BOLADO

*Contratada predoctoral de Derecho penal*

La taquillera y fantasiosa película *Barbie*, dirigida por Greta Gerwig, protagonizada y producida por Margot Robbie, se convirtió en un fenómeno de masas durante el pasado verano de 2023. El color rosa volvió a ser tendencia indiscutible y las muñecas de Mattel dejaron de ser una cosa de niñas. Y, sin embargo, la película no solo nos dejó una estela de humor y canciones pegadizas, sino que en ella podemos encontrar valiosas reflexiones y críticas, algunas de ellas seguramente algo alejadas de lo que un primer visionado pueda sugerir. La lectora se preguntará: ¿por qué la película Barbie puede tener relación con el Derecho penal? Para aquellas que (aún) no hayan tenido ocasión de visionar la obra, se resumirán brevemente algunas escenas con tintes delictivos a los fines que aquí interesan.

Tras su reciente llegada al deprimente mundo real, recién aterrizados de *Barbieland*, Barbie (y Ken) patinan despreocupados por el paseo marítimo de una soleada playa. Tras recibir las miradas lascivas de varios hombres, uno de ellos se acerca a nuestra protagonista para tocarle las nalgas sin su consentimiento. Barbie, airada y sorprendida por una invasión tan sorprendente, reacciona propinándole un puñetazo. La siguiente escena nos muestra a una Barbie confusa detenida en dependencias policiales, mientras sigue escuchando comentarios desagradables provenientes de los agentes. Tras anotar sus datos, proceden a dejarla en libertad, pero el desgarrador mundo real no tarda mucho en volver a desconcertar a la protagonista. Tras salir de una tienda de ropa con su nuevo traje rosa, ambos muñecos son perseguidos por el propietario, que les reclama el pago de la compra. Sorprendida, Barbie huye y acaba, irremediablemente, de vuelta en dependencias policiales. Algún comentario inadecuado más por parte de los agentes y Barbie vuelve a disfrutar de su «libertad».

Pero esta vez los dueños la llaman a sus oficinas; todo está fuera de control en el mundo real, al que Barbie nunca debió entrar. Ya en la sede de Mattel, la plana mayor de la directiva recibe a su producto estrella con preocupación. Barbie, consciente de que todo está yendo mal desde que salió de su mundo de fantasía, pregunta qué debe hacer para reparar la brecha espaciotemporal que se ha roto, pues su única intención es volver a *Barbieland*, lugar idílico del que nunca debió salir. El flamante CEO de corbata rosa presenta la solución de forma muy clara: es necesario encerrar a Barbie en su caja original. Sólo así las cosas podrán volver a ser como eran antes. Pero Barbie, que ya ha experimentado lo que es la realidad, no se resigna a volver a su caja de cartón, y, tras soltar sus muñecas de las cintas que amenazaban con apresarla, huye despavorida de las oficinas de sus creadores, desatando el caos en la compañía.

La preocupación parece obvia para Mattel: ¿quién va a querer comprar una Barbie que, descontrolada y sin seguir órdenes, se salta todos los límites impuestos por sus creadores, hasta el punto de acabar detenida por la comisión de delitos de lesiones y de hurto? Quizá lo que molesta más al señor Mattel no son las pérdidas económicas derivadas de la mala imagen de su muñeca estrella, sino que, tal vez, sean los propios ejecutivos los que deban encarar el pago de los daños causados por su producto descontrolado, o incluso afrontar la responsabilidad por los delitos por ellos cometidos.

Llegados a este punto, la lectora se preguntará qué importancia puede tener para el Derecho penal actual que una muñeca imaginaria se escape de un mundo de fantasía para acabar causando daños que, si bien tienen apariencia delictiva, en ningún caso pueden llegar a afectar a nuestro mundo real. Pero lo cierto es que, como se suele decir, la realidad a menudo supera la ficción, y no resulta extravagante pensar que las herramientas más famosas creadas por las compañías más prestigiosas acaben perfeccionándose tanto que, fuera de su entorno de prueba seguro (llámese este *Barbieland* o entorno controlado de pruebas para una inteligencia artificial confiable), no haya manera de saber cómo y quién responde por los daños causados a los bienes jurídico-penales tradicionales. Así, la película de Greta Gerwig nos puede servir como perfecta analogía para reflexionar sobre el problema de los daños causados por sistemas de inteligencia artificial, cuestión que, desde la reciente aprobación de la normativa europea[33] (en adelante, Reglamento de IA o, simplemente, Reglamento), no deja de preocupar a los penalistas.

Así, lo mejor será concebir a nuestra protagonista no ya como una muñeca, sino como un producto desarrollado por una empresa, cuyo perfeccionamiento ha llegado a tales niveles que, una vez trascendido el entorno seguro de pruebas, comienza a causar problemas con consecuencias en el mundo no virtual.

---

33  Reglamento (UE) 2024/1689 del Parlamento Europeo y del Consejo, de 13 de junio de 2024, por el que se establecen normas armonizadas en materia de inteligencia artificial.

Cuando dicho producto o sistema, con altos niveles de autonomía, capacidad de observar, analizar su entorno y modificar su comportamiento a la vista de estos estímulos, lleva a cabo una actuación con consecuencias penales, las preguntas comienzan a surgir: ¿detenemos a Barbie o detenemos al CEO de Mattel? ¿Acaso es que Barbie sufre alucinaciones[34] cuando, inocente, cree que la ropa se recoge de los escaparates sin entregar nada a cambio? ¿No será, más bien, que la persona encargada de entrenar a Barbie no introdujo los datos suficientes para que esta se desenvolviera en un entorno como el señalado? ¿Cuál debe ser la solución para este tipo de escenarios? ¿Bastará con encerrar a las Barbies reincidentes en cajas, o, lo que sería equivalente, desactivar y retirar del mercado todos aquellos productos inteligentes o sistemas de IA que den problemas, por mucho que sean el producto estrella de la compañía? ¿Se verá forzado el Estado a aplicar sanciones de carácter objetivo a las compañías que no sepan poner límites a sus muñecas descontroladas?

Todas estas preguntas surgen al hilo de los denominados *AI related crimes* o delitos relacionados con el uso de inteligencia artificial. El novísimo Reglamento europeo trata de poner coto a algunas de estas preguntas, si bien, dada su naturaleza administrativa, deja las puertas abiertas al legislador penal para que sea este quien decida el si y el cómo de la sanción penal por los daños a bienes jurídicos causados por las tecnologías más avanzadas.

El modesto objetivo de esta contribución es acercar este problema a la lectora, utilizando los símiles e imágenes que la película de Gerwig nos ofrece. Resumidamente, el nuevo Reglamento de IA de la Unión Europea, conocido como la Ley de Inteligencia Artificial, establece un primigenio marco legal para regular el desarrollo, comercialización y uso de esta tecnología. Algunos de sus puntos más destacados implican regulación sobre las siguientes cuestiones:

a) La clasificación de las distintas tecnologías en función del nivel de riesgo que presenten:

Así, la norma diferencia entre el nivel de riesgo prohibido, el alto y el aceptable. El énfasis del Reglamento está, pues, en la función primaria que desempeñen los sistemas, pues no es lo mismo crear una Barbie cocinera que una Barbie presidenta del Tribunal Supremo (como, de hecho, podemos ver que ocurre en el largometraje,

---

34  Una «alucinación», en el lenguaje técnico de la IA, es un fenómeno en el que un modelo de inteligencia artificial percibe patrones u objetos inexistentes o imperceptibles para los observadores humanos, creando resultados sin sentido o totalmente inexactos. *What are AI hallucinations*, IBM, 2023 [online, último acceso: julio de 2024]. Disponible en: <https://www.ibm.com/topics/ai-hallucinations>.

reproduciendo así el manido dilema relativo a la jueza robot). Los errores que pueden producirse en un campo y en otro permiten distinguir y prohibir según su uso. Algunos autores plantean que en caso de que se violen estas prohibiciones absolutas, se pueda imponer responsabilidad penal directa a los creadores.

b) El establecimiento de requisitos técnicos para los sistemas de alto riesgo:

Así, Barbie profesora o Barbie enfermera (en sus respectivos campos; educación y servicios esenciales, tal y como se formulan en el Reglamento, en un listado *numerus clausus* de usos de alto riesgo), estarán sujetas a un intenso escrutinio de las autoridades públicas en cuanto a su proceso de creación y entrenamiento. Tendrán importancia, pues, la gestión y gobernanza de datos, la documentación técnica, los registros sobre las operaciones y la transparencia y supervisión, así como la precisión y robustez técnica.

c) Reflejo de los principios éticos básicos de la IA:

En el Reglamento encuentran reflejo, entre otros, los siguientes principios: supervisión humana (creación de autoridades nacionales y obligaciones de registro para las empresas), transparencia (información a los usuarios de los riesgos que conlleva interactuar con una Barbie, así como explicación detallada de las funcionalidades permitidas y aconsejadas), y responsabilidad, cuestión esta última difícil de implementar, pues parece inevitable una cierta dilución de los mecanismos para exigir responsabilidad cuando el sistema produce resultados que los creadores no pudieron prever en un inicio. En este punto, diversos autores plantean la posibilidad de que se imputen genéricos delitos de peligro, con grandes niveles de anticipación, por el mero hecho de poner en funcionamiento un sistema sin que se cumplan los requisitos arriba mencionados.

Asimismo, derivado del principio de control humano significativo, la norma establece que los usuarios tienen pleno derecho a saber cuándo están interactuando con una IA (para evitar la sorpresa perfectamente reflejada en la película de encontrarse con una herramienta que, a todos ojos, parece un agente humano, y que acaba por ser casi indistinguible, cuestión en plena discusión con el auge de los delitos cometidos con tecnología *deep fake*).

d) Consecuencias jurídicas:

Cuando de consecuencias jurídicas de trata, el Reglamento establece, tan solo, sanciones administrativas. No establece, sin embargo, la clausura de los *Barbielands* (o entornos de prueba), pues la prioridad de la regulación europea es garantizar la innovación, por lo que deberá promoverse la experimentación segura y controlada de las nuevas tecnologías de IA.

Aunque la normativa establece cuantiosas sanciones administrativas, no queda claro aún cómo distribuir esta responsabilidad, aún difusa y confundida entre *Barbieland* y el caótico mundo real, y la doctrina penal habla de un riesgo claro de brechas o lagunas de responsabilidad, en tanto en cuanto las entidades creadoras y desarrolladoras acaben por beneficiarse de una impunidad derivada de la autonomía de sus sistemas, de las imprevisibilidad de sus actos y de la incertidumbre en cuanto a los daños causados. Algunos autores hablan, como parece lógico, de paralelismos con las estructuras de delitos ya conocidos para nuestro sistema, como pueden ser los delitos de riesgos catastróficos, aunque otros prefieren plantear la solución en términos de responsabilidad por el producto.

Muchos son los caminos posibles para el legislador del futuro, que solo empieza a vislumbrar las posibilidades más incipientes del crimen a caballo entre *Barbieland* y el mundo real. Es, por tanto, tarea pendiente del Derecho penal determinar el alcance de la responsabilidad por estos novedosos escenarios. A fin de cuentas, mientras las Barbies de la actualidad sigan perfeccionándose y nosotras interactuando con ellas sin saber a qué estándares atenernos, es probable que la confusión continúe reinando, y que los Mattels del mundo sigan haciendo dinero sin preocuparse demasiado acerca de quién debe volver a los confines de su caja.

# ¿POR QUÉ IMPUTAN A RANSOM DRYSDALE EN *PUÑALES POR LA ESPALDA?*

SARA CALERO GOYEN

*Estudiante del Doble Grado en Derecho y en Ciencia Política y Administración Pública*

## 1. INTRODUCCIÓN

Harlan Thrombeg (Christopher Plummer) se ha cortado el cuello frente a Marta Cabrera (Ana de Armas). Esta no ha podido hacer nada por evitarlo, pero no va a llamar a una ambulancia, sino que seguirá el plan desarrollado minutos antes por el propio Harlan: ella no debe figurar como la última persona que lo vio con vida.

Marta es su enfermera, y al no verificar las etiquetas de los viales ha invertido las dosis de los medicamentos que debía inyectarle: Harlan tiene en su cuerpo 100 mg de morfina en vez de 3 mg. No solo eso, sino que Marta ha sido incapaz de encontrar la naloxona, un antídoto que hubiera impedido que el medicamento surtiera efecto. Ahora su paciente tiene 10 minutos de vida y no es posible que una ambulancia llegue en menos de 15. Pese a todo, Marta está decidida a llamar a emergencias, pero Harlan se lo impedirá haciéndole ver las repercusiones de sus actos. Aunque Marta abandona la habitación, arrepentida, volverá a entrar para llamar a una ambulancia. En ese momento, Harlan presiona un cuchillo contra su propia garganta y sin atender a razones se quita la vida. Esa es una parte del plan que él no le había contado.

## 2. ¿QUÉ POSIBLES DELITOS HA COMETIDO MARTA?

De acuerdo con el Derecho penal español, Marta podría enfrentarse, en primer lugar, a una omisión del deber de socorro: al no solicitar asistencia y abandonar a Harlan, en riesgo de muerte, por el medicamento que ella misma había inyectado (arts. 195.3 y 196 Código Penal); y por no socorrerlo, ni solicitar asistencia, después de que aquel se autoinfligiera una herida mortal (arts. 195.1 y 196 CP).

Por otro lado, en relación con la existencia de una negligencia por imprudencia médica grave, al no asegurarse de leer las etiquetas de los medicamentos antes de administrarlos —*mala praxis*— poniendo en peligro su vida, puede valorarse la posibilidad de aplicar el tipo de homicidio por imprudencia grave (art. 142.1 CP). En este sentido, como indica el TS, «*la imprudencia grave es, pues, la omisión de la diligencia más intolerable, mediante una conducta activa u omisiva, que causa un resultado dañoso y que se encuentra causalmente conectada normativamente con tal resultado, mediante la teoría de la imputación objetiva, que partiendo de un previo lazo naturalístico, (…) es el que opera como conexión en la relación de causalidad*»[35].

## 3. ¿PUEDE IMPUTARSE A MARTA EL HOMICIDIO?

Más allá de lo que nos dicte la intuición, nuestro propio código ético y nuestras emociones, en un Estado de Derecho, para asegurar la preservación de la dignidad humana y evitar la instrumentalización de las personas, se debe garantizar que solo los sujetos cuya conducta sea responsable del delito sean penados. Podemos delimitar esa responsabilidad mediante un análisis acorde al principio de culpabilidad.

Este principio contiene dos garantías: la responsabilidad por el hecho propio y la responsabilidad subjetiva. La segunda exige, para que un sujeto sea culpable, el cumplimiento de dos requisitos: 1) que el hecho cometido sea manifestación de su autonomía personal; 2) que el sujeto tenga la capacidad de comprender el significado jurídico de su conduta y ser capaz de gobernarla. Con base en esto y lo ocurrido, Marta sería subjetivamente responsable de sus actos.

Aun así, permitámonos imaginar que Marta le hubiera inyectado la medicación correcta a Harlan —distinguiéndola gracias a su contenido— puesto que alguien había cambiado las etiquetas de los viales, y que esta persona también le hubiera robado de su maletín el antídoto. En realidad, no tenemos que imaginárnoslo, porque esto es lo que hizo Ransom Drysdale (Chris Evans) con la intención de matar a Harlan.

Con el conocimiento de los actos de Ransom, no cambiaría nuestra percepción acerca de su conducta de no socorrer a Harlan cuando éste se autolesiona[36]. En cambio, y dejando también a un lado la omisión de socorro referente a la sobredosis —que nos supondría analizar una situación de conflicto entre el peligro aparente de la situación y el peligro real en relación con *el peligro manifiesto y grave* (art. 195.1 CP)—,

---

35    STS 805/2017, de 11 de diciembre de 2017, FJ 1.

36    Esto no se plantea en la película.

si volvemos a analizar la acción imprudente de no leer las etiquetas de los botes, por mucho que esta cumpla con los requisitos hay algo que nos chirría: ¿cómo podríamos hacer responsable a Marta si, pese a su *mala praxis*, no le provocó un resultado lesivo a Harlan? La respuesta es que la responsabilidad subjetiva no es suficiente.

## 4. LA IMPUTACIÓN OBJETIVA AL RESCATE

El análisis del nexo causal es necesario, pero no suficiente para determinar si una conducta imprudente o dolosa es jurídicamente relevante. Para realizar esta distinción, el Derecho penal hace uso de la imputación objetiva. Un resultado le podrá ser atribuido a un sujeto si existe un nexo causal y, además, cumple los tres requisitos de la imputación objetiva: que el riesgo se haya incrementado más de lo jurídicamente permitido, que el resultado sea la realización del riesgo generado por el sujeto y que el resultado producido se encuentre en el ámbito de protección de la norma.

El primero lo cumplen ambos: Ransom incrementa y genera un riesgo en el momento en el que cambia las etiquetas y retira el antídoto del maletín; Marta, cuando decide guiarse únicamente por el contenido y no leer las etiquetas de los medicamentos.

El segundo de ellos exige la realización del riesgo: por un lado, en el caso de Ransom, el cambio de etiquetas de los medicamentos no llega a alcanzar su fin dado que Marta inyecta la correcta; en cambio, la retirada del antídoto de su maletín termina realizándose; ya que Marta no es capaz de usarlo[37]. Por otro lado, Marta no cumpliría con este requisito, dado que Harlan no muere por su *mala praxis*, si no por un curso causal irregular: «*está excluida la imputación, (...) si (...) el resultado se produce, no como efecto de plasmación de ese peligro, sino sólo en conexión casual con el mismo*»[38].

Una vez determinada la imposibilidad de imputar objetivamente la muerte a la conducta de Marta, analicemos el último requisito respecto de la conducta de Ransom: el hecho no le será imputado objetivamente al sujeto salvo que el resultado producido se encuentre dentro del ámbito de la protección de la norma. Ransom no cumple este requisito, ya que, pese a que el resultado de su riesgo se realiza —la muerte de Harlan—, no se produce por los medios que él había desarrollado, sino por el suicidio. Mas esto sólo implica que no se le podría acusar de un delito consumado ya que, «*en*

---

37    Si Marta le hubiera inyectado Naloxona sin que estuviera sufriendo una sobredosis esto no le habría causado ningún daño.

38    ROXIN, C., *Derecho Penal. Parte General. Tomo I: Fundamentos. La Estructura de la Teoría del Delito*, Civitas, 1997, p. 373.

*el delito doloso, habrá tentativa cuando el resultado se produce, pero de un modo tal que no pueda ser imputable objetivamente»*[39].

## 5. CONCLUSIÓN

De este modo, somos capaces de comprender por qué el personaje de Chris Evans termina siendo imputado y no el de Ana de Armas. Ambos tienen una relación de causalidad con el resultado, pero el Derecho penal nos permite, a través de la imputación objetiva, delimitar que parte de la causalidad es jurídicamente relevante.

---

39    MUÑOZ CONDE, F., *Derecho Penal. Parte General*, 11ª ed., Tirant lo Blanch, 2022, p. 216.

# BREAKING BAD Y LA OMISIÓN: ¿MATÓ WALTER WHITE A JANE?

NICOLÁS CANTARD

*Profesor ayudante de Derecho penal*

*Breaking Bad* es, sin dudas, una de las series que ha marcado un hito en la industria de la «nueva televisión», *on demand*, que es el uso de las plataformas para ver películas y series que antes se veían en cines, televisión, o mediante el alquiler en los ya desaparecidos videoclubs.

La serie cuenta la historia de Walter White (Bryan Cranston), un profesor de química en un instituto, con una personalidad retraída, padre de un adolescente con algún grado de discapacidad producto de una parálisis cerebral desde pequeño y esposo de una contable que realizaba trabajos particulares desde su casa, por lo que Walter, además de su actividad docente, trabajaba de empleado en un lavadero de autos, porque económicamente apenas llegaban a cubrir los costos de vida. Su vida era vista por él mismo como mediocre, miserable y sin ningún tipo de aspiraciones profesionales. Esa situación deprimente se ve incrementada cuando le diagnostican cáncer de pulmón y comienza a pensar en que su familia quedaría desamparada frente a lo inevitable de su muerte.

En ese contexto, un día acompaña a su cuñado, el funcionario de la DEA Hank Schrader (Dean Norris) a un operativo en el que desmantelarían una «cocina» de metanfetaminas. Él observaba todo desde el interior del coche cuando ve escaparse por la ventana a Jesse Pinkman (Aaron Paul), un exalumno suyo, quien le suplica que no lo delate. Luego de ello se encuentran y comienzan a hablar sobre la droga que estaban cocinando, proceso que Walter White supo enseguida cómo se hacía debido a sus conocimientos en química, y las ganancias monumentales que proporcionaba a quienes se dedicaban al negocio de la producción y venta de «cristal». Ante la patética vida que él percibía que llevaba y el desenlace fatal que le esperaba, comienza a pensar en cocinar una tanda de metanfetaminas para dejarle algo de dinero a su familia, y allí empieza una sociedad con Jesse Pinkman, quien se encargaría de vender el producto que él cocinase. Todo ello ocurre en el primer capítulo. A partir de allí, comienza una trama en que la relación entre ambos personajes está plagada de tensiones, debido a las personalidades opuestas que tenían.

Aquí me propongo comentar una situación que se da al final del capítulo 12 de la segunda temporada, denominado «Phoenix». La tensión entre Walter y Jesse llega a uno de los puntos más álgidos cuando Jesse empieza a salir con Jane (Krysten Ritter), una vecina que se encontraba en un proceso de rehabilitación por adicción a las drogas, con quien comienza a inyectarse heroína. La situación se sale de control cuando, debido al uso de drogas, Jesse se queda dormido y no realiza una entrega que tenían pactada, lo cual obligó a Walter a llevar a cabo el trabajo, perdiéndose el nacimiento de su segunda hija. Producto de la discusión que se genera entre ambos, la novia de Jesse amenaza a Walter con denunciarlo si no les pagaba su parte, situación que tensa aún más la relación. En ese contexto, una noche Walter se dirige a la casa de Jesse para llevarle el dinero y observa que están los dos dormidos profundamente, habiendo consumido heroína, lo que deduce al encontrar todos los instrumentos que usaron para ello en la mesita de luz. Walter intenta despertar a Jesse sacudiéndolo y, producto de ese movimiento en la cama, Jane se gira y queda boca arriba. Él continúa intentado despertar a Jesse cuando Jane comienza a vomitar en estado de inconsciencia y, al estar boca a arriba, se empieza a ahogar con su propio vómito. Walter tiene, en primera instancia, una reacción instintiva de ir a ayudarla, pero, inmediatamente, ve en ese desenlace una oportunidad para que Jesse vuelva a encaminarse y centrarse en el negocio, por lo que se queda pasivamente observando cómo, poco a poco, Jane se ahoga y muere. Walter, visiblemente afectado por un sentimiento de culpa, con llanto incluido, se retira en silencio de la habitación y de la casa, como si nunca hubiese estado allí.

Imaginemos que un grupo de amigos/as se había juntado a ver este capítulo y al terminar, en medio de la conmoción que todavía les había dejado la escena, comienzan a debatir sobre lo ocurrido. Uno de ellos, Antonio, piensa que Walter mató a Jane; otra, de nombre Bárbara, responde que no la mató, sino que la dejó morir, lo que —a su modo de ver— no es lo mismo; una tercera, que llamaremos Carla, dice que lo único que hizo Walter fue no prestarle ayuda, lo cual no es ni matar ni dejar morir, sino algo distinto y bastante menor; por último, el cuarto amigo, Daniel, dice que lo que ocurrió fue producto del azar y no se le puede achacar nada a Walter, porque, según dice, de no haber estado allí, las cosas hubieran ocurrido de la misma manera y él no tenía ninguna obligación para con ella, simplemente se encontraba casualmente en su casa al momento del hecho. Antes de continuar, le propongo que usted, amigo/a lector/a, piense ahora mismo cuál sería su respuesta de encontrarse en ese grupo de amigos/as.

La diferencia entre las distintas posiciones no es baladí: mientras que en los extremos podemos ubicar la de Antonio, que equipara la falta de ayuda de Walter a

Jane a la causación de la muerte, esto es, una imputación por homicidio, la postura de Daniel implica considerar irrelevante jurídico-penalmente la conducta de Walter, y, por lo tanto, su impunidad. En el medio se encuentran las opiniones de Bárbara y Carla, quienes, por un lado, no creen que dejar morir a Jane pueda considerarse de igual manera que si la hubiera matado y, por el otro, tampoco entienden que no haya nada que reprochar penalmente a Walter. De dar respuesta a estas, y otras, situaciones se encarga la teoría de la omisión.

Dejemos por un momento de lado la posición de Daniel, que considera que el Derecho penal no tiene nada que hacer en un caso como éste, para centrarnos en las que sí entienden que debe haber alguna consecuencia, aunque luego hagamos alguna mención a ella, porque puede resultar interesante debatir sobre los fundamentos que están detrás de la dogmática de la omisión. La doctrina, y también el Código Penal español, estructuran los delitos de omisión en dos grandes bloques: por un lado, los delitos de omisión pura o simple (también denominados delitos de omisión *propia*), y, por el otro los delitos de comisión por omisión (también denominados delitos de omisión *impropia*)[40].

Las omisiones puras se caracterizan porque, en principio, cualquier ciudadano puede ser destinatario del deber de actuar en determinado caso[41], y basta con no hacer nada, o hacer algo distinto de aquello que la norma en cuestión exigía, para cumplir con el tipo penal, sin requerir ningún resultado lesivo posterior. Así, el tipo objetivo está compuesto por (1) una situación generadora del deber de actuar, (2) la no realización de la acción mandada en el caso concreto, y (3) la capacidad de haber llevado a cabo la conducta por parte del autor. El ejemplo paradigmático de una omisión pura lo constituye el delito de omisión de socorro previsto en el art. 195.1 CP[42], en el que una situación específica, la existencia de una persona desamparada en peligro manifiesto y grave, genera el deber de socorrerla a quien la encuentre en —y advierta— esa situación,

---

40    La diferencia en la nomenclatura, en algunos autores, se explica formalmente, esto es, en si el delito está expresamente previsto por el legislador como delito omisivo —por ello, una omisión propia— o si, pese a no estar expresamente prevista esa modalidad, puede considerarse la imputación de uno que esté previsto en modalidad comisiva —y, por ello, considerarse «impropio»— (sobre ésta corriente doctrinal, vid. SILVA SÁNCHEZ, J. M., *El delito de omisión. Concepto y sistema*, 2.ª ed., BdeF, 2018, pp. 403 y ss.). Sin embargo, este debate puede aquí dejarse de lado.

41    Aunque, luego, el deber se concrete específicamente en la persona que ha encontrado a la que se hallaba desamparada y en peligro (vid. RODRÍGUEZ MOURULLO, G., *La omisión de socorro en el Código Penal*, Tecnos, 1966, pp. 149 y ss.).

42    *«El que no socorriere a una persona que se halle desamparada y en peligro manifiesto y grave, cuando pudiere hacerlo sin riesgo propio ni de terceros...».*

siempre y cuando esté en condiciones de hacerlo —personalmente o solicitando auxilio ajeno— sin poner en riesgo su propia salud o la de otra persona.

En el caso en cuestión, no hay dudas de que todas estas condiciones se cumplen, puesto que el vómito de Jane comienza a asfixiarla, lo que es un peligro manifiesto y grave, y al estar inconsciente no puede valerse por sus propios medios, lo que implica que esté desamparada, y Walter, que estaba en perfectas capacidades físicas para socorrerla, se queda parado al lado de la cama sin hacer aquello que le era exigido en el caso concreto. Y esa infracción a la norma de mandato corre con independencia del resultado lesivo posterior. Es decir, si Jane no hubiera muerto, por ejemplo, porque de repente se hubiera tumbado de costado y comenzado a respirar normalmente, el reproche a Walter por su incumplimiento se mantendría incólume.

Los delitos en comisión por omisión, en cambio, se tratan de delitos de resultado, en los cuales la no evitación de ese resultado equivale a su causación de forma activa, y se encuentran regulados en el art. 11 CP[43] en concordancia con el delito de la parte especial que corresponda. Es decir, se podría responder a Bárbara que, en determinados supuestos, dejar morir es exactamente lo mismo —en términos jurídicos— que matar. Para que pueda establecerse esa equiparación es necesario que se den algunas condiciones adicionales a las tres que mencionábamos en las omisiones pura. Además de las indicadas, es preciso que exista una posición especial en el autor en relación con el bien que se encuentra en peligro, que genera un deber específico de no evitación que no concurre en el resto de la ciudadanía. Es decir, ya no se trata de un deber genérico (para todo el mundo) de actuación (mera actividad), como ocurre en las omisiones puras, sino de un deber específico (en el autor concreto) de evitar la lesión al bien jurídico (de resultado). A esta cualidad que debe darse en el autor se la denomina (4) *posición de garante*, y además el sujeto debe haber estado en (5) capacidad, no solo de actuar, sino de evitar el resultado, y, por último, para poder imputar el delito en comisión por omisión (6) el resultado debe haberse producido.

Los elementos adicionales (5) y (6) del tipo objetivo del tipo omisivo en comisión por omisión también se dan en el caso que estamos analizando. Es decir, el resultado de muerte se produce, y ello permite abrir la puerta para una posible imputación por homicidio, y Walter estaba en perfectas condiciones de evitar que ese resultado se produzca. El elemento más difícil de comprobar que se dé en este caso, como en la mayoría de este tipo de delitos, es el de la posición de garante. Ello justifica que nos detengamos un poco más en desarrollarla.

---

43    *«Los delitos que consistan en la producción de un resultado sólo se entenderán cometidos por omisión cuando la no evitación del mismo, al infringir un especial deber jurídico del autor, equivalga, según el sentido del texto de la ley, a su causación…».*

Mucho se ha debatido sobre las fuentes de la posición de garante, esto es, establecer cuáles deben ser las condiciones, de hecho o de Derecho, que pueden fundamentar este deber especial de evitar resultados. Fundamentalmente, pueden encontrarse dos grandes teorías al respecto, la formal y la funcional. La teoría formal de las fuentes de la posición de garante considera que este deber surge de la ley, del contrato o bien del actuar precedente (injerencia). Esta parece ser la tesis adoptada por el legislador español, puesto que en la segunda parte del art. 11 CP se indica que «...*se equiparará la omisión a la acción: a) Cuando exista una específica obligación legal o contractual de actuar; b) Cuando el omitente haya creado una ocasión de riesgo para el bien jurídicamente protegido mediante una acción u omisión precedente*», aunque también requiere que «*equivalga, según el sentido del texto de la ley, a su causación*», por lo que también incluye una orientación funcional en la comisión por omisión[44].

Sin embargo, en la doctrina ha tenido mayor aceptación la teoría funcional de las fuentes de la posición de garante, que incluyen a las situaciones abarcadas por las fuentes formales, pero también se extienden a otras que quedarían fuera con una visión demasiada formalista. Las fuentes funcionales se pueden dividir en dos grandes bloques; por un lado, el sujeto en cuestión puede tener la *función de protección de un bien jurídico*, y, por el otro, también puede tener la *función de control de una fuente de peligro*. A su vez, cada una de ellas puede surgir de distintas situaciones. Así, la función de protección de un bien jurídico se justifica en ciertas relaciones familiares o sociales, o bien en la decisión del propio sujeto de asumir esa protección. Por su parte, la función de control de una fuente de peligro se sostiene cuando ella se encuentra en el propio ámbito de dominio de la persona, o bien emana de una persona por cuya conducta el sujeto debe responsabilizarse, o bien surge como consecuencia de un actuar precedente (injerencia).

La función de protección de bien jurídico debido a una *relación familiar* se explica por el estrecho vínculo que une a las personas en condiciones de absoluta dependencia de una respecto de la otra en una situación concreta. Deben darse estos dos elementos para poder afirmar que uno tenía una posición de garante de protección respecto del otro, por lo que no basta, como podría sostener una teoría meramente formal de estos deberes, con que exista un vínculo contractual o legal, como el matrimonio o el paterno-filial, sino que, además, se requiere que en el caso concreto exista una dependencia total de una de las personas. Por ejemplo, los padres respecto de los hijos tienen este deber especial de protección hasta el momento en que puedan valerse por

---

44  Así lo ve, definitivamente, BACIGALUPO, E., *Derecho Penal. Parte General*, 2.ª ed., Hammurabi, 1999, pp. 548 y ss.

sí mismos, con independencia de que el vínculo legal se mantenga hasta la mayoría de edad. Y, por el otro lado, el vínculo puede sostenerse con independencia de la formalidad legal o contractual de éste, por ejemplo, entre una pareja que convive sin haber realizado nunca ninguna formalidad legal que registre esa unión.

La función de protección en virtud de un vínculo social se da en determinados casos en que varias personas se encuentran sometidas a un mismo contexto de riesgo que justifica que unos descansen en la confianza de que otros del grupo van a protegerlos en caso de ser necesario. Se las denomina situaciones de *comunidad de peligro*, y se dan, por ejemplo, en ciertas expediciones riesgosas como pueden ser en la montaña, en el mar, en una selva, etc., en las que se entiende que hay un deber mutuo de socorrerse en caso de necesidad que anima una participación que se hubiera descartado ante la posibilidad de hacerlo individualmente.

Por último, la posición de garante de protección de un bien jurídico se puede dar por la *asunción voluntaria* por parte del sujeto. Esa asunción puede darse formalmente, por ejemplo, la contratación de una *baby-sitter* para que cuide a un bebé que no puede valerse por sí mismo, pero no necesariamente. Aquí también la teoría funcional es más amplia que la formal, puesto que alguien puede asumir esa función de protección sin necesidad de contrato alguno, incluso tácitamente, como, por ejemplo, si el sujeto agarra al hijo de su amigo en medio de una reunión para ir a dar una vuelta al parque está asumiendo voluntariamente la función de protector de ese niño mientras dure el paseo.

Los deberes de control de una fuente de peligro, a diferencia de las anteriores, no tienen su razón de ser en proteger a un bien jurídico concreto respecto de cualquier peligro, sino su reverso, vigilar un determinado foco de peligro frente a la posible lesión de cualquier bien jurídico. En este sentido, podemos fundamentarla en el deber de garantizar el correcto funcionamiento de una *fuente de peligro que se encuentre en el ámbito propio de dominio* de la persona, como, por ejemplo, máquinas, animales, vehículos. Quien tiene un horno de fundición debe controlar que nadie se acerque lo suficiente para evitar que se produzcan quemaduras, quien pasea a su perro es garante de que no lastime a otra persona, quien conduce un coche tiene el deber de evitar chocar a un peatón.

También hay un deber de control *respecto de personas que no son completamente auto responsables*, como pueden ser los menores o enfermos mentales que, en determinados contextos pueden ser una fuente de peligro para terceros[45].

---

45   ROXIN, C., *Derecho penal. Parte general. Tomo I. Fundamentos. La estructura de la teoría del delito*, 2.ª ed., Civitas, 1997, pp. 893 y ss.

Hasta aquí, ninguna de todas las situaciones que pueden generar una posición de garante y, por lo tanto, una imputación del resultado de muerte por omisión que sea equivalente a su causación activa puede ser atribuidas a Walter en la escena que estamos comentando. No tenía ninguna función específica de protección para con la vida de Jane, ni tampoco el resultado se produjo como consecuencia de alguna fuente de peligro específica que él debiese controlar. Simplemente se ahogó con su propio vómito.

Ahora bien, el ahogo se produce luego de que Jane quedase boca arriba *como consecuencia de un movimiento que hace Walter al intentar despertar a Jesse*, por lo que no tiene razón Daniel, nuestro televidente imaginario, cuando dice que la muerte fue producto del azar y que de todos modos el resultado hubiera sido el mismo, puesto que, de no haber sido por Walter, que moviendo a Jesse produjo que Jane se diera vuelta quedando boca arriba, ella habría seguido durmiendo de costado y, en consecuencia, seguiría viva. Por lo demás, el argumento con base en una causalidad hipotética no excluye la imputación por el hecho de que el desenlace se produzca de todas maneras con la supresión del sujeto en la escena, porque el deber de actuar sigue intacto respecto del garante. Distinta sería la respuesta si ese argumento se utiliza para cuestionar el elemento referido a la *evitabilidad* de la lesión, donde sí puede excluirse la imputación si el resultado se hubiera producido de todas formas[46] aun con la actuación hipotética del omitente, por ejemplo, si, en lugar de una asfixia por vómito, se hubiera muerto por un paro cardíaco por sobredosis y el hipotético auxilio de Walter se considerase inútil. Es decir, la causalidad hipotética no funciona para excluir la imputación en caso de que el resultado se hubiera producido aun sin la presencia del autor, sino en caso de que se hubiera producido aun con la ayuda del autor. Pero, volviendo a la posible respuesta a Daniel, ¿es suficiente esta mera causación para generar el deber de evitar el resultado de muerte en Walter?

---

46   Puesto que se trata de un argumento contrafáctico, la doctrina discrepa sobre el grado de certeza que se requiere para excluir la imputación en estos casos, es decir, en el grado de probabilidad de que el resultado de todas maneras no se hubiese evitado con la acción requerida. Algunos autores reclaman una certeza absoluta (por todos, JAKOBS, G., *Derecho penal. Parte general. Fundamentos y teoría de la imputación*, 2.ª ed., Marcial Pons, 1997 (1991), pp. 961 y ss.), otros una probabilidad rayana en la certeza (BACIGALUPO, E., *ob. cit.*, pp. 551 y ss.; con más referencias, JESCHECK, H. H./WEIGEND, T., *Tratado de Derecho Penal. Parte General*, 5.ª ed., Comares, 2002 (1995), pp. 667 y ss.), y otros consideran suficiente con que, con la acción omitida, se habría disminuido el riesgo de producción (por todos, STRATENWERTH, G., *Derecho penal. Parte general I. El hecho punible*, Thomson-Aranzadi, Cizur Menor, 2005 (2000), pp. 397 y ss.).

Para responder a esa pregunta debemos analizar el *actuar precedente (injerencia)* como explicación del control de una fuente de peligro que fundamente la posición de garante, que es la que mayores dudas genera y la única que estaría en condiciones de explicar la posición de garante en Walter. Esta situación responde al apartado b) del art. 11 CP, que fuera mencionado, e implica que, si la situación de peligro en la que se encuentra la persona desamparada fue causada por el hecho precedente de una persona, ésta queda sometida al deber especial de evitar que se produzca un resultado lesivo como consecuencia del peligro generado. Así, por ejemplo, si alguien atropella imprudentemente a un peatón, que queda lesionado de forma tal que requiere de asistencia médica, y, pese a ser consciente del peligro de muerte, decide marcharse, si el peatón finalmente fallece, la falta de auxilio ya no será meramente una omisión de socorro, sino un homicidio en comisión por omisión[47]. Ahora veremos si esto mismo puede sostenerse respecto de la situación aquí analizada.

Para ello debemos considerar las características que tiene que tener el hecho precedente para justificar una posición de garante. La doctrina mayoritaria considera que debe ser un hecho antijurídico, sin requerir que sea culpable[48]. Esto implica que las puestas en peligro como consecuencia de acciones justificadas no generan deberes de garantía[49]. Así, por ejemplo, quien se defiende legítimamente de un agresor, que queda gravemente herido, pese a lo cual no le socorre, si —a consecuencia de ello— fallece no respondería por el homicidio en comisión por omisión, puesto que el actuar

---

47  Es debatido si esta solución no queda excluida por la previsión del art. 195.3 CP (entre otros, SILVA SÁNCHEZ, J. M., *ob. cit.*, pp. 432 y ss., ubicando a este artículo como un supuesto de omisiones de gravedad intermedia o «puras de garante»), o bien el art. 195.3 CP está previsto para situaciones que no impliquen un resultado lesivo posterior, o que, al momento de producirse la huida, se trataba de un riesgo abierto, general o indeterminado (así, SANCINETTI, M. A., *Casos de Derecho penal. Parte general*, 3.ª ed., Hammurabi, 2006, pp. 315 y s., 756 y ss. y nota 3, respecto del delito de abandono de personas del art. 106, primer párrafo, del CP argentino, que contiene una estructura más amplia, pero en la que cabrían las situaciones previstas por el art. 195.3 CP español, para diferenciarlo del delito de homicidio o lesiones en comisión por omisión). Dubitativo al respecto, MIR PUIG, S., *Derecho penal. Parte general*, 10.ª ed., Reppertor, 2015, pp. 334 y ss., nn.mm. 58 y 66 y ss.

48  Por todos, JESCHECK, H. H./WEIGEND, T., *ob. cit.*, p. 673. En contra, MAURACH, R. / GÖSSEL, K. H. / ZIPF, H., *Derecho penal. Parte general. Formas de aparición del delito y las consecuencias jurídicas del hecho*, Tomo II, 7.ª ed., Astrea, 1995 (1989), pp. 262 y ss.

49  Se suele exceptuar al estado necesidad agresivo, puesto que allí la víctima de la intervención no es competente del peligro que el autor justificado tuvo que conjurar. Esta situación abre la puerta para una fundamentación distinta, no ya en torno a la antijuridicidad o no de la conducta precedente, sino a la distribución de competencias por la generación del riesgo, postura de un importante sector de la doctrina. Por razones de espacio no puedo aquí explayarme sobre ella.

precedente no fue antijurídico, sino justificado. En este caso, no obstante, se mantendría la imputación por la omisión (pura) de socorro[50]. Otros autores amplían el ámbito de aplicación a ciertas conductas atípicas, es decir, dentro del riesgo permitido, pero en las que el sujeto se ha movido en el marco de «riesgos especiales», siempre y cuando la situación de riesgo no pueda explicarse por el comportamiento de la víctima[51]. En este sentido, quien conduce un automóvil, por más que lo haga dentro las permisiones del riesgo propio de la actividad, se mueve en el marco de un riesgo especial[52] y tiene un deber de salvamento respecto de aquellos a quienes ponga en riesgo de forma accidental. Ahora bien, si el suceso no se trata de un accidente, estrictamente hablando, sino que se debe a una conducta imputable a la propia víctima, por ejemplo, porque iba borracha caminando por la calle, ese deber de salvamento pierde legitimación[53]. Por último, una posición más generosa con la posición de garante podría considerar suficiente la causación de un riesgo, aunque se trate de un riesgo permitido y no sea de aquellos «especiales». Sin embargo, no hay prácticamente defensores de una amplitud semejante de estos deberes, y ésta sería, precisamente, la única posibilidad de ver en la acción previa de Walter (mover la cama bruscamente ocasionando que Jane quede boca arriba) una fuente del deber de evitar el resultado de muerte.

Luego de todo lo analizado, debemos descartar la imputación del homicidio de Jane a Walter en comisión por omisión debido a que falta uno de los elementos del tipo objetivo, como es la posición de garante. Ello, no obstante, no impide que pueda considerarse todavía la imputación por la omisión de socorro, puesto que, como también hemos visto, en este caso sí que se dan todos los elementos típicos que permiten aplicar este tipo penal. En este sentido, cabe asumir la postura de Carla en el debate.

Por último, hay que mencionar que la postura adoptada por Daniel, de entender que aquí no hay nada que reprochar a Walter, aunque por motivos distintos a los que él da, no es para nada antojadiza. En efecto, hay ciertas legislaciones que no castigan

---

50  Incluso dentro de la doctrina mayoritaria estos supuestos generan disparidades de criterios que aquí no pueden ser abordadas. Sobre el debate alrededor de estos casos, vid. DOPICO GÓMEZ-ALLER, J., «¿Posición de garante derivada de legítima defensa? La paradoja de Rudolphi», *InDret*, núm. 4, 2018, *passim*.

51  JAKOBS, G., *ob. cit.,* pp. 982 y ss.

52  Esta caracterización explica, por ejemplo, que la conducción esté condicionada por múltiples normativas administrativas, como obtener una licencia, contar con un seguro contra terceros, realizar la inspección técnica vehicular cada cierto tiempo, etc. Todo ello es demostrativo de que no se trata de un riesgo general de la vida, sino de algo más específico.

53  En contra, MAURACH, R. / GÖSSEL, K. H. / ZIPF, H., *ob. cit.,* p. 263, lo mantiene incluso en supuestos en que el sujeto atropellado es quien, completamente ebrio, se haya puesto en el camino del conductor.

las omisiones de socorro por razones, antes que dogmáticas, de principios. Así, es una opinión muy extendida considerar que el fundamento de la omisión de socorro se encuentra en la idea de solidaridad, entendiendo a ésta como uno de los valores centrales para estructurar la convivencia en una sociedad[54]. No obstante, una visión opuesta, extremadamente liberal, podría negar que ello sea un valor superior al que supone garantizar a cada individuo responsabilizarse de lo que le corresponde según sus propios ámbitos de actuación, y no el tener que soportar cargas que le impone el Estado para socorrer a extraños con los que no tiene ningún vínculo ni ha tenido nada que ver en su situación de peligro. Precisamente, EE.UU. es uno de esos países que no tienen regulado el delito de omisión de socorro[55], lugar en donde acontece la serie, por lo que Walter White tendría asegurada su impunidad. Por suerte, a mi modo de ver, el Código Penal español expresa una idea más cooperativa al incluir este tipo de deberes de solidaridad para los casos extremos en que la ayuda institucional no sea posible, o no lo sea con la debida urgencia, valores que generan mayor cohesión social y sentido de pertenencia a un mismo ámbito de convivencia.

---

54   Sobre los fundamentos de los delitos de omisión, vid. SILVA SÁNCHEZ, J. M., *ob. cit.*, pp. 181 y ss.

55   Ni a nivel federal ni en la mayoría de los Estados. Existen algunos pocos estados que, en sus leyes estaduales, tienen previstas multas muy menores para estos supuestos.

# EL VALOR DE LAS MÁXIMAS DE EXPERIENCIA EN LA APRECIACIÓN DE LA PRUEBA EN EL PROCESO PENAL: CUATRO ESCENAS DE PELÍCULA

JUAN DAMIÁN MORENO

*Catedrático de Derecho procesal*

## 1. CINE Y DERECHO PROCESAL: LOS MISTERIOS DEL *COURTROOM*

El célebre pedagogo norteamericano John Dewey se quejaba de aquellas escuelas de natación en las que anunciaban que eran capaces de enseñar a nadar sin necesidad de que los estudiantes tuvieran que meterse en el agua. La inmersión en el medio en que uno aprende y en el que debe desenvolverse una vez alcanzados los conocimientos adquiridos en las universidades constituye hoy uno de los pilares esenciales en la formación del jurista. En auxilio de tal objetivo el profesorado recurre a toda clase de instrumentos docentes, las tradicionales clases teóricas, llamadas a proporcionar un conocimiento básico y elemental sobre los principios de las asignaturas, y otros más innovadores que hoy en día están adquiriendo mayor empuje gracias a las nuevas tecnologías. Por eso, me parece que utilizar el cine para lograrlo es una excelente idea.

No es el momento de analizar por qué el mundo los melodramas judiciales han causado tanta fascinación en el cine, especialmente en Hollywood. Son miles las películas y las series producidas que tienen como objetivo situar al espectador ante un dilema procesal. No voy a enumerarlas; doy por supuesto que al lector tan entendido al que nos dirigimos las conoce perfectamente. Me propongo centrarme en un aspecto que quizás no levante tantas pasiones como es el que se refiere al acto del juicio, que es tanto como decir, al acto de donde resulta la convicción. Y por acotar un poco más, me referiré al misterioso y enigmático *recinto*, el *courtroom*, donde se desarrollan las pruebas y de donde el juez extrae su convicción.

Para saber si lo que acontece ante él responde a la realidad tiene que conformarse por lo general con las percepciones de otros; y esto sólo es posible, como dijo Karl Larenz, si aquellos sujetos que los han observado o presenciado los hechos, *los actualizan de nuevo por el recuerdo*. Así pues, la actividad probatoria se descompone en dos fases bien diferenciadas; la de *traslación* y la de *fijación*. La traslación de los hechos de la realidad a la presencia judicial se lleva a cabo a través de los medios de prueba; tras ello, el juez tendrá que valorarlos y fijarlos a fin de resolver la cuestión debatida y eso se hace a través de lo que procesalmente denominamos a raíz de la obra de Friedrich Stein (1893), «*máximas de experiencia*».

Las máximas de experiencia no son criterios jurídicos, es decir, no son normas; son juicios hipotéticos de contenido general suministrados por la experiencia que desligados del caso concreto que sirven a los jueces para valorar las pruebas en cualquier supuesto en que éstas se presenten. En definitiva, se trata de criterios que dispone cualquier persona como resultado de su propia experiencia personal. La ley presupone que estas máximas de experiencia forman parte del acervo personal y cultural del juez; no son adquiridas en razón a su profesión, sino que son de carácter empírico, de modo que están al alcance de cualquiera. Pero obviamente condicionan su valoración.

La legislación penal de la época, en un momento de exaltación de la libre convicción, trató de liberar al juez de las cadenas de la prueba tasada, por lo que apenas si se atrevió a insinuar tan siquiera algunas reglas acerca de cómo debía valorar la prueba, pero eso no significa que no las deba tener en cuenta. En este breve comentario, nos centraremos en algunas escenas que nos ilustran sobre este fenómeno tan característico y en el que se pone de manifiesto cómo la fuerza probatoria queda precisamente desvirtuada o, en su caso, confirmada, por el valor que proporcionan estas máximas y de la que se extrae una lección: la íntima convicción no puede alcanzarse de cualquier modo.

## 2. EL ALMANAQUE Y LA LUZ DE LA LUNA: LA IMPORTANCIA DE LA RAZÓN DE CIENCIA DEL TESTIGO. *EL JOVEN LINCOLN* (JOHN FORD, 1939)

La mayor parte de la trama de esta película gira en torno a las habilidades de un joven abogado, Abraham Lincoln, interpretado por un también joven Henry Fonda, durante el periodo de las sesiones del juicio contra dos jóvenes colonos acusados de asesinato. Aunque lo más destacable de esta película reside en la habilidad de Lincoln para seleccionar a los miembros del jurado, demostrando un ejemplo se sabiduría y sentido común, en el mundo del Derecho se la conoce por la manera tan ingeniosa en que logró librar a sus defendidos de la horca. Eran más o menos las once de la noche cuando sucedieron los hechos. La acusación disponía de la mejor prueba; la declaración de un testigo directo que había presenciado el hecho.

El fiscal, como haría cualquier otro fiscal, no renunció a saber la verdad y, lógicamente le preguntó al testigo por su razón de ciencia. Los procesalistas llamamos la *razón de ciencia* una precaución que adoptan las leyes para valorar la veracidad del testimonio (arts. 376 LEC y 710 LECRIM). La razón de ciencia a la que el testigo se refería, que no era otro que el verdadero asesino, venía dada por la supuesta claridad que proporcionaba esa noche la luz de la luna. La perseverancia de Lincoln, unida a su experiencia y sabiduría popular que, como hombre de campo, tenía, con una hábil e ingeniosa maniobra y con ayuda de un almanaque, consiguió no solo desvirtuar el fundamento de tal aseveración, sino que el testigo reconociera haber sido el autor del crimen. El Almanaque del Granjero indicaba que esa noche la luna se había puesto cuarenta minutos antes de que se cometiera el asesinato.

Como ya hemos adelantado, los redactores de la Ley de Enjuiciamiento Criminal, en coherencia con el sistema de valoración en conciencia que implantaron, se mostraron bastante reacios a establecer reglas que indicarán como se tienen que apreciar las pruebas para evitar incurrir en los problemas de la prueba tasada del proceso inquisitivo, pero eso no significa que no deban ser tenidas en cuenta. Por ello, al amparo de nuestra ley, nada habría impedido al tribunal, a que en uso de las facultades que le concede ley, preguntar a los testigos por el fundamento del conocimiento de los hechos, es decir, por la *razón de ciencia de su dicho* para saber exactamente de dónde le viene la información que aporta (art. 708 LECRIM).

## 3. UN TESTIGO DEMASIADO HOSTIL CONVIERTE *LO DICHO* EN *ENTREDICHO. TESTIGO DE CARGO* (BILLY WILDER, 1957)

Nadie podrá decir que Charles Laughton no lo intentó todo por salvar a Tyrone Power de la acusación de asesinato. Disponía del mejor testigo, pero la animadversión que mostró Marlene Dietrich, su joven esposa, subió al estrado a declarar le complicó su estrategia. No contó con la sagacidad de su testigo, que era consciente de que, siendo la mujer del acusado, su testimonio no gozaría de la suficiente credibilidad para el jurado. Procesalmente diríamos que era un testigo claramente poco fiable, y por lo tanto tachable, algo que pasó desapercibido a su experimentado abogado, pero no a la mujer del acusado.

Todo da un giro inesperado cuando la testigo decide poner a su marido de vuelta y media y, en tono desafiante, logró sembrar toda clase de dudas, desmontando la coartada que tenía preparada su abogado y señalándole directamente como culpable del crimen. El jurado se tragó el anzuelo y absolvió al acusado. El testimonio de una mujer enamorada no hubiera sido suficiente; en cambio, su actitud hostil y rencorosa hacia él consiguió la reacción contraria. Bien es verdad que en el proceso penal no existen tachas propiamente dichas, pero eso no quiere decir que los hechos en que se fundan no puedan ser tomados en su consideración y de hecho la doctrina clásica no excluyó que este tipo de circunstancias fueran en sí máximas de experiencia que un juez o un jurado debería tener en cuenta al valorar el testimonio.

## 4. LA FALTA DE AGUDEZA VISUAL GENERA DUDAS RAZONABLES. *DOCE HOMBRES SIN PIEDAD* (SIDNEY LUMET, 1957)

La perseverancia de Henry Fonda (José María Rodero, en la insuperable versión española), dio pie a que el jurado del que formaba parte empezara a cuestionar la fiabilidad de los testigos que incriminaban al acusado contrastándolas con las máximas de experiencia que formaba parte del acervo vital de cada uno de sus miembros. Probablemente sea en esta película donde se proporcionen más ejemplos de máximas de experiencia sobre como valorar el testimonio del anciano que arrastra la pierna, la forma en que manejan las navajas los jóvenes pandilleros de los barrios bajos o la agudeza visual de quien había declarado categóricamente haber visto al acusado matar a su padre a través de las ventanas de la casa de enfrente; todos estos hechos son analizados a la luz de esos juicios hipotéticos que aporta la experiencia especialmente para poner en duda la contundencia de las pruebas que la mayoría del jurado daba al principio como irrefutables.

El veredicto da finalmente un vuelco en el momento en que el miembro de más edad del jurado se percata de que otro se está frotando la nariz por las molestias que le causan las gafas, lo que hace que la mayoría caiga igualmente en este detalle. La experiencia le proporciona un dato al parecer de incuestionable valor: a quienes las llevamos, por lo general nos generan irritación y sobre todo nos las quitamos por la noche a la hora de dormir. Todo ello logró generado dudas muy razonables sobre la fiabilidad de la agudeza visual de la testigo ya que de acuerdo con su relato no tuvo tiempo de ponerse las gafas y ver al acusado cometer el asesinato desde la ventana de la casa de enfrente. ¿Acaso esa no es una máxima de experiencia que da lugar a una duda razonable?

## 5. PORQUE LE IMPELE LA FUERZA DE LA VERDAD. *ALGUNOS HOMBRES BUENOS* (ROB REINER, 1992)

Como observaba C. J. M. Mittermaier, no hay mejor prueba del acierto de un tribunal que el hecho de que un sospechoso se haya confesado culpable, aunque también hay muchos errores judiciales provocados por ella, errores por cierto que han dado lugar a excelentes películas (me permito remitir al lector la famosa obra dirigida por Pilar Miró: *El Crimen de Cuenca*). Sobre la declaración del acusado como medio de prueba han corrido ríos de tinta, unos para desecharla por ser contraria a las garantías procesales cuando es arrancada con violencia o intimidación, otros para admitirla de manera casi irrevocable y otros para concebirla siempre que sea sincera y no concurran turbios motivos de ocultación de la verdad o hecha en perjuicio de un tercero. Pero es cierto que casi ningún país renuncia a que sus tribunales le pregunten al acusado si se confiesa culpable, sobre todo en aquellos ordenamientos donde con ellas se autoriza a prescindir del juicio (*plead guilty*) o, como en nuestro caso, aún se permite utilizar al acusado como fuente de prueba.

Muy difícil lo tenían Tom Cruise y Demi Moore, después del suicidio de su principal e único testigo, para lograr que Jack Nicholson reconociera que él mismo había ordenado el «Código Rojo». Para la defensa era la única salida que les quedaba para exonerar de culpa a sus defendidos acusados de su participación en la muerte de Santiago. Pero el tribunal no podía negarse aceptar esa prueba a pesar del alto rango del testigo. Los clásicos decían que cuando alguien reconoce *contra se* un hecho que le perjudica es porque le impele la fuerza de la verdad, una fuerza tan poderosa que es capaz de vencer la tendencia natural del delincuente a ocultar su responsabilidad. Muy poderosos debieron ser los motivos por los que Nicholson antepusiera su código de honor y su orgullo personal para no dejarse intimidar por el joven Tom Cruise y, en actitud desafiante y probablemente en un arrebato de soberbia reconociera los hechos, que, por supuesto, siguiendo esta máxima, nadie podría estar en condiciones de poner en duda. Una escena inolvidable.

# LA NARANJA MECÁNICA Y EL FIN QUE NO JUSTIFICA LOS MEDIOS

### MARÍA DAVÓ CORTIJO

*Estudiante del Doble Grado en Derecho y en Administración y Dirección de Empresas*

La instrumentalización es la antítesis de la humanización. El ser humano se caracteriza primordialmente por su autonomía de la voluntad, su derecho al libre desarrollo de la personalidad aún en el caso extremo de estar privado de libertad, por paradójico que parezca en primera instancia. Una sociedad democrática deberá velar implacablemente por cada uno de los derechos fundamentales garantizados en la Constitución.

A través de una aproximación jurídico-penal al ya aclamado éxito de Stanley Kubrick, *La naranja mecánica*, se cuestiona la constitucionalidad de un cierto tratamiento —la técnica Ludovico— desarrollado durante la condena de prisión de Alex Lagrange, el protagonista. Ello se analizará desde la doble perspectiva del art. 15 CE, en cuanto al derecho a la integridad física y moral y la prohibición expresa de sometimiento a tortura y a penas o tratos inhumanos o degradantes; y del art. 25.2 CE, referido al mandato de reeducación y reinserción social para aquellos condenados a penas privativas de libertad.

La trama de la historia se centra en Alex, un joven delincuente condenado a una pena de 14 años por un delito de homicidio. Ya instalado en el centro penitenciario, acepta voluntariamente someterse a un tratamiento a cambio de la remisión de la pena. Este supone la visualización de escenas muy violentas, habiéndole sido suministrada al individuo una droga paralizante y potenciadora de sentimientos de terror y desamparo, todo ello impidiéndole cerrar los ojos. Así se pretende conseguir que el preso aborrezca la violencia.

Por un lado, es preciso profundizar en todas las implicaciones del art. 15 CE para determinar si un tratamiento de este tipo estaría comprendido dentro del marco constitucional o sería contrario a este.

El derecho a la integridad física y moral tiene como propósito esencial el respeto de la dignidad, lo cual lleva asociado una obligación negativa de no interferencia estatal.

En línea con preceptos internacionales que prohíben la tortura[56], esta fue definida rigurosamente en el art. 1 de la Convención contra la tortura o penas crueles, inhumanas o degradantes de las Naciones Unidas[57]. En dicha descripción se denota un elemento material —*«dolores o sufrimientos graves, ya sean físicos o mentales»*—, uno teleológico —*«con el fin de […] castigarla por un acto que haya cometido»*—, y se especifica al sujeto activo —*«un funcionario público u otra persona en el ejercicio de funciones públicas»*—.

Asimismo, se debe tener en cuenta la definición dada de trato inhumano por el TEDH en el caso Irlanda c. Reino Unido[58], que dicta que este se atribuye a *«los sufrimientos físicos o psíquicos provocados voluntariamente con una intensidad particular»*. Las notas diferenciadoras entre tortura y trato inhumano son difusas, aunque se le asigna a la tortura una mayor nota de intensidad[59].

En el caso concreto de Alex, se evidencia por el gran daño administrado, tanto físico —nauseas persistentes— como mental —inculcación de un temor aversivo a toda violencia—; su fin de castigar por un delito; y su ejecución por parte del Estado —personado por el Ministro del Interior y sus médicos asociados—, que se trata *de facto* de una tortura. En definitiva, supone una violación manifiesta del art. 15 CE.

Cabe matizar que el hecho de que Alex lo consintiera inicialmente no exime en ningún punto de la calificación del tratamiento como tortura. Esto se fundamenta en el carácter irrenunciable, inalienable e indisponible del derecho a la vida e integridad física y moral declarado en el art. 15 CE, por ser este un derecho inherente a la dignidad.

En un apunte final de índole ya no jurídica sino filosófica, es interesante considerar la propuesta de aquellos relativistas morales que sostienen que la tortura puede estar justificada moralmente en una cierta situación, la de impedir un mal mayor. Esta teoría piensa en supuestos tales como el terrorismo con la finalidad de salvar vidas. No obstante, sería incongruente incluir el caso del tratamiento relatado, ya que pese a tener por objeto evitar mayores daños sociales, no se puede tener certeza de la reincidencia del individuo; cabría la posibilidad de infligirle un sufrimiento en vano por obedecer a una mera predicción. Es decir, no se asemejaría en nada a un supuesto

---

56     Art. 3 del Convenio Europeo de Derechos Humanos y el art. 5 de la Declaración Universal de los Derechos Humanos, entre otros.

57     *Convención de Nueva York contra la tortura y otros tratos o penas crueles, inhumanos o degradantes. 10 de diciembre de 1984.* Fue ratificada por España en 1985.

58     STEDH Irlanda c. Reino Unido, de 18 de enero de 1978.

59     CANOSA USERA, R., «La prohibición de la tortura y de penas y tratos inhumanos o degradantes en el CEDH», *Teoría y Realidad Constitucional*, núm. 42, 2018, pp. 247-271.

de causa de justificación por estado de necesidad, tal y como plantea verbigracia el dilema del tranvía y la palanca; ello tiene repercusiones tanto en el plano moral como en el que nos concierne del Derecho penal.

Un segundo enfoque trata la conformidad del tratamiento con el mandato de resocialización del art. 25.2 CE, que deberá desarrollarse durante la ejecución de la pena. Dicho mandato supone una materialización de una teoría de la pena de corte preventivo-especial, la cual aspira a que el delincuente se abstenga de delinquir tras cumplir condena y volver a la vida en sociedad.

Cabe precisar que guarda relación con otros de los fines tradicionalmente concebidos para la pena de prisión, en los cuales se incluyen la retribución, la prevención general y la prevención especial negativa. Estas teorías están tintadas de corrientes de pensamiento que difieren entre sí y se ven personificadas por ciertas figuras de la película.

Por un lado, el director de la prisión se centra en la teoría de la retribución, recalcando la célebre ley del talión —ojo por ojo—. Sostiene que la respuesta del Estado al infractor deberá ser proporcional al acto cometido, esto es, deberá brindarle su merecido castigo.

Sin embargo, surge la duda de si el hecho de castigar —definido por la RAE como *«ejecutar algún castigo en un culpado»*— es efectivo en su dimensión más completa, cuando el culpado no sienta culpa alguna a causa, por ejemplo, de su propia naturaleza. Con ello me refiero a los rasgos sociópatas de Alex que le imposibilitan discernir entre el bien y el mal; aquellos casos en donde la interpretación social y jurídica de un hecho como «malo» no es entendible como tal por un sujeto aquejado de un trastorno mental.

Esta última inquietud por el fin verdadero del castigo se ve favorecida por la afirmación del Ministro del Interior —*«el crimen se alimenta con el castigo»*—, en tanto que castigar a un individuo que opina no haber hecho nada «malo» solo alimenta sus ganas de rebeldía y aumenta su probabilidad de reincidencia.

Este último personaje, a su vez, encarna una idea de prevención especial positiva en su fundamento, ya que cree que las personas pueden ser reformadas con programas de tratamiento que favorezcan su vuelta a la sociedad desprovistos de cualquier traba. Sin embargo, se torna en una teoría basada en la prevención especial negativa en el momento en el que intenta restringir la capacidad del preso para cometer más delitos mediante una injerencia física y mental.

Asimismo, es reseñable la personificación en los médicos del lema «el fin justifica los medios». Estos se encuentran guiados por un ansia científica manifestada en su peor vertiente, la que no tiene miramientos por los efectos desgarradores en la humanidad del individuo.

Ninguna de las corrientes de pensamiento expuestas en la película se corresponde de forma fiel con la teoría de prevención especial positiva buscada por el mandato del art. 25 CE. Estos tipos de tratamientos se deberían fundamentar en el libre albedrío, tal como expone la afirmación del capellán de la prisión: *«la bondad y la maldad nacen con nosotros y uno es el que escoge. Si no se escoge, se deja de ser hombre»*.

Para finalizar, cabe destacar que privar a un individuo de su derecho por excelencia, el ser «humano», nunca debería ser contemplado ni camuflado en una suerte de «automatización» de su conducta para evitar daño a la sociedad. La reeducación debería indagar en el porqué de la comisión de un delito y abarcar un posible tratamiento desde esa perspectiva. Por ello, se deberá velar por una humanización que triunfe frente a la mecanización. *La Naranja Mecánica*, esta obra del séptimo arte que tanto debate y reflexión ha suscitado, nos pone delante de todos estos dilemas para que el espectador sea quien decida qué sentido tiene la pena, y pueda plantearse si es la humanización o la instrumentalización la que debe primar en estos contextos.

# *DEATH NOTE:* JUSTICIA ESCRITA

## CARLA DÍEZ CHU

*Estudiante del Doble Grado en Derecho y en Ciencia Política y Administración Pública*

> *«Las leyes no son perfectas, porque los humanos que crearon las leyes no son perfectos. Es imposible ser perfecto. Sin embargo, las leyes son evidencia de la lucha del ser humano por ser justo».* — Soichiro Yagami

En ocasiones nos encontramos cuestionando la efectividad del Derecho para asegurar la justicia, ya sea porque su aplicación no resulta efectiva, ya sea porque la ley en sí es defectuosa. La moralidad y la ley, a pesar de servir a una misma función, están separadas, lo que hace que nos encontremos con el siguiente dilema: ¿si tuvieras los medios para asegurar un mundo más justo… los utilizarías? ¿No estaríamos obligados a hacerlo? ¿No sería incluso injusto de tu parte privarle al mundo de este posible futuro? Todo está en tus manos.

Esta es la cuestión a la que se enfrenta Light Yagami, un joven estudiante de secundaria y el protagonista de nuestra historia, *Death Note* (un Manga creado por Tsugumi Ohba, más tarde traído a la pantalla en forma de anime, varias películas, teatros e incluso musical), cuando encuentra un cuaderno (el *death note*) dotado con el poder de quitar la vida a cualquier persona de la forma que se le antoje e incluso controlar sus acciones antes de su muerte siempre que se escriba su nombre en él mientras visualice su rostro.

Impulsado por su deseo de purgar el mundo de criminales y creando así una realidad utópica, Light, bajo su pseudónimo de «Kira», comienza a eliminar aquellos que considera indignos de vivir. Para ello, sigue el plan que se detalla a continuación:

1. Eliminación de los peores criminales mediante ataques cardiacos para hacer saber que existe un «ente» que supervigila la prevalencia de la justicia.

2. Eliminación de los criminales más «leves» mediante muertes naturales, limpiando así la sociedad sin que la muerte le sea atribuida a él.

De esta forma, *Death Note* es una serie que examina y reflexiona temas sobre la moralidad, el poder y la justicia; el punto de partida perfecto para explorar los principios fundamentales del Derecho penal. En particular, a continuación me centraré en el principio de legalidad, proporcionalidad y las teorías de la pena.

La pena en *Death Note* es tanto una respuesta a un hecho delictivo (retribución) como un medio para tratar de evitar su futura comisión (prevención general). Light se adscribe a estas dos ramas de una forma u otra.

Las teorías de la prevención general negativa, como su nombre indica, atribuyen a la pena una función preventiva respecto de la sociedad en general, cuyos miembros son disuadidos de cometer actos delictivos por miedo a recibir un castigo. Al matar de una forma tan conspicua (ataques cardíacos globales sin explicación científica alguna), saliendo así en los medios de información diariamente, el resto de la población se alerta de la existencia de un ser sobrenatural que «vela por ellos». En atención a lo que esto puede significar para ellos, el criminal común detiene sus actividades delictivas, mientras que los inocentes no tienen nada que temer (muchos, incluso, aplaudiendo este nuevo orden).

Por otro lado, las teorías absolutas o de la retribución se caracterizan por no asignar ninguna función social a la pena. Es penar por penar, una necesidad categórica donde uno recibe lo que merece. Es una fundamentación deontológica centrada únicamente en el pasado. Un delincuente es penado por haber delinquido.

Light es partidario de esta teoría, ya que busca limpiar el mundo de una forma absoluta. Esto lo muestra en la forma en la que está dispuesto a deshacerse de personas menos culpables pero que siguen causando problemas a los demás en secreto, mediante enfermedades o accidentes. Solo de esta forma, el mundo comenzará a moverse en la dirección correcta. De este modo, es evidente que no cree en las teorías de prevención especial como medio resocializador.

Así, es claramente observable que Light se desajusta a varios principios, entre los que se encuentra el principio de legalidad. Esto es debido a que el principio de legalidad se basa en no poder imponer una pena sin que exista una norma expresa que la prevea expresamente de manera previa respecto de un delito determinado (*Nullum crimen, nulla poena sine praevia lege*). Se trata de un principio basado en los valores de la democracia y seguridad jurídica, dos valores que desatiende Light de forma evidente. La democracia, ya que él no representa a el pueblo y no tiene la potestad de determinar qué conducta es lesiva y qué pena merece por ella. Esta compete únicamente al Poder Legislativo. La flagrante indiferencia a la seguridad jurídica, en la forma en la que Light elimina a quien le place, sin seguir un código legal o moral específico, además de que los ciudadanos no conocen con exactitud en qué circunstancias «Kira» castiga. También, se salta el debido proceso varias veces, juzgando criminales ya penados los cuales se encuentran ya cumpliendo sus sentencias en la cárcel y saltándose por completo el principio de *ne bis in idem*. Esto hace que los cuatro mandatos que derivan del principio de legalidad (*lex scripta, lex certa, lex scripta y lex praevia*) sean inexistentes.

Del mismo modo, hay que analizar la humanidad de sus penas. Derivado del respeto a la dignidad humana, el principio de la humanidad de las penas prohíbe los tratos inhumanos o degradantes, en los cuales el penado padece un maltrato de especial intensidad, ya sea por su naturaleza, magnitud o forma de ejecución.

En el caso de *Death Note*, las penas son inhumanas por varias razones, entre las cuales se encuentran, primero, la destrucción del sustrato biológico del penado, ya que la pena de muerte es la pena inhumana por excelencia, independientemente de la forma en la que se aplique. Además, constituye una destrucción parcial psíquica antes de la muerte, ya que al controlar las acciones que llevan a su muerte se está manipulando su personalidad e interviniendo en el cerebro, como cuando obligó a una exagente del FBI que estaba a punto de descubrir su identidad a suicidarse.

Similarmente, Light no se adhiere al principio de proporcionalidad, el cual establece que toda pena queda constitucionalmente justificada si es: 1) idónea: contribuye a la protección del bien jurídico; 2) necesaria: es imprescindible para asegurar el efecto social perseguido; 3) proporcional: adecuación de la sanción elegida en relación con la gravedad del delito cometido, determinada mediante una comparación entre el valor del delito y la magnitud de la pena impuesta.

Es cierto que, tras la ejecución de su plan, redujo la tasa de criminalidad un 70% y eliminó todas las guerras, por lo que idóneas eran las medidas. Ahora bien, es más debatible si las medidas de Light son necesarias o proporcionales. ¿El fin justifica los medios? ¿De verdad hay que atender a principios o leyes cuando están en cuestión vidas humanas?

Cada respuesta es profundamente subjetiva y personal a cada uno por sus experiencias vividas sin existir una única respuesta. Sin embargo, si hay algo claro, es que la desesperación y la búsqueda de la justicia sin humanidad ni consideración por la ley, no nos llevarán a un mundo mejor. Eso siempre desemboca en caos y dos males no hacen un bien. Por ello, aún en los momentos difíciles, se debe continuar intentando hacer lo correcto.

# LOS LÍMITES AL *TRUE CRIME*

ÁNGELA PILAR FERNÁNDEZ RODRÍGUEZ

*Profesora Ayudante de Derecho procesal*

## 1. EL *TRUE CRIME* Y DERECHOS ENFRENTADOS

El género del *true crime* no es novedoso[60], sin embargo, el interés por los asuntos con relevancia penal ha aumentado en los últimos tiempos. Ello puede verse influido, entre otros motivos, por la importancia del sector audiovisual y el éxito de las plataformas que ofrecen servicios de visionado en *streaming* de documentales, series o películas. En algunas de estas aparecen los protagonistas reales de los hechos, en otras, son actores los que desempeñan estos papeles. *El caso Asunta, El caso Sancho*[61], *El cuerpo en llamas* (inspirada esta última en el crimen de la guardia urbana) son algunos ejemplos recientes, entre otros de los muchos existentes. La curiosidad de la audiencia por este tipo de asuntos no es exclusiva de delitos de sangre, sino que también alcanza a otros tipos delictivos, como pueden ser las causas mediáticas relacionadas con el tráfico de drogas o la corrupción: así, por ejemplo, la serie *Fariña*, inspirada en la operación Nécora, o la película *El Reino*, inspirada en el caso Gürtel, o el documental *Malaya. Operación secreta.*

El éxito de este género está provocando cierta reflexión sobre su regulación y sus límites. No puede exigirse a la sociedad que permanezca ajena e impasible ante sucesos que perturban el propio orden social. El derecho a recibir información veraz y a comunicar y a expresar lo que la realidad suscita son pilares sobre los que se asientan las sociedades democráticas. Por otro lado, el hecho de que la realidad inspire obras creativas artísticas es consustancial a la propia idea de arte como manifestación de la actividad humana. Los hechos delictivos no escapan a esta realidad. Sin embargo,

---

60    Vid. GARRIDO GENOVÉS, V., *True crime: la fascinación del mal*, Ariel, 2021.

61    Esta serie fue estrenada el 9 de abril de 2024, antes de que finalizase el juicio sobre el asunto.

cuando los hechos con relevancia penal son objeto de tratamiento informativo, de opinión, o de obras creativas artísticas, suscitan dilemas tanto éticos como legales. En esta tensión resultan afectados los autores y partícipes de los hechos, las víctimas, sus familiares, los profesionales jurídicos y terceras personas que se ven envueltas en lo sucedido. También se plantean problemas con respecto de los derechos de los creadores de contenidos y de aquellos que transmiten la información.

El tema es complejo y en él convergen y se enfrentan una multiplicidad de derechos. En estas páginas abordaremos solo algunos de ellos. El derecho a la información de la sociedad (art. 20.1.d CE), a la libertad de expresión del individuo (art. 20.1.a CE), o el derecho a la creación artística o literaria del creador (art. 20.1.b CE) han de ser ponderados con otros derechos, como el derecho al honor, la intimidad, o la propia imagen (art. 18.1 CE) de quienes protagonizan estos sucesos. Expondremos a continuación, por un lado, la distinción sobre el alcance de los derechos del art. 18.1 CE en los contenidos periodísticas, y, por otro lado, en las obras de ficción. Con ello pretendemos describir cómo debería de realizarse la ponderación de los derechos en las creaciones audiovisuales que se basan en hechos reales con relevancia penal. Para finalizar, realizaremos una llamada de atención sobre el género del *true crime* desde el punto de vista de los derechos de las víctimas.

## 2. CONTENIDOS PERIODÍSTICOS

En las publicaciones periodísticas que versan sobre hechos reales, uno de los derechos principales es el derecho a la información. Este derecho encuentra su límite en otros como el derecho a la intimidad, al honor o a la propia imagen de los sujetos sobre los que se informa.

En el conflicto producido entre el derecho a la información y el derecho a la intimidad, se ha considerado que la implicación en un hecho delictivo tiene trascendencia pública (sobrevenida) y ello hace que lo sucedido se extienda más allá del círculo personal que abarca el ámbito de la intimidad[62].

A la hora de ponderar el derecho a la información con el derecho al honor, la jurisprudencia ha señalado que, para considerar la información legítima, han de cumplirse dos requisitos: (i) la veracidad de la información y (ii) el interés general de la información. Estas exigencias no están exentas de problemas interpretativos.

---

62    STS (Sala 1.ª) 484/2024, de 21 de marzo, FJ 2. No obstante, en cuanto a la víctima, no ha de exigírsele que soporte la difusión periodística de datos relevantes sobre su vida privada cuyo conocimiento sea trivial o indiferente para el interés público. STC 27/2020, de 24 de febrero, FJ 5.

En cuanto al primer requisito, el concepto de verdad presenta cierta ambigüedad: pueden atribuírsele varios significados o incluso pueden existir varias verdades. En ocasiones, la realidad puede coincidir más fácilmente con lo transmitido (así, por ejemplo, en hechos notorios, de naturaleza científica o hechos probados judicialmente). Sin embargo, en otros casos la adecuación con la realidad presenta más dificultades, sobre todo en los asuntos complejos o en los que los implicados no colaboran con la averiguación de la verdad (como por ejemplo puede suceder en el marco de una investigación delictiva). La jurisprudencia no exige la estricta correspondencia entre lo que se narra y lo realmente sucedido, sino que el informador pueda demostrar su profesionalidad a la hora de descubrir la veracidad. Es decir, por veracidad en este ámbito se entiende «*el resultado de una razonable diligencia por parte del informador para contrastar la noticia de acuerdo con pautas profesionales, ajustándose a las circunstancias del caso, aun cuando la información, con el transcurso del tiempo, pueda más adelante ser desmentida o no resultar confirmada (...), faltando esa diligencia cuando se transmiten como hechos verdaderos simples rumores carentes de constatación o meras invenciones*»[63]. Sin perjuicio de lo anterior, las imputaciones no veraces sobre hechos delictivos tienen entidad suficiente para lesionar el honor del afectado[64].

En cuanto al segundo requisito relativo al interés general, los hechos con trascendencia penal son de relevancia pública. Esta relevancia también puede matizarse o ser ponderada en función de otros factores[65] como, por ejemplo, la conexión de la noticia con la realidad presente o la actualidad de esta.

---

63    STS (Sala 1.ª) 15/2022, de 13 de enero, FJ 2.º: «*[l]a regla constitucional de la veracidad de la información no va dirigida tanto a la exigencia de una rigurosa y total exactitud en la información cuanto a negar la garantía o protección constitucional a quienes, defraudando el derecho de todos a recibir información veraz, actúan con menosprecio de la veracidad o falsedad de lo comunicado, comportándose de manera negligente e irresponsable al transmitir como hechos verdaderos simples rumores carentes de toda constatación o meras invenciones o insinuaciones sin comprobar su realidad mediante las oportunas averiguaciones propias de un profesional diligente, lo que ha entenderse sin perjuicio de que su total exactitud pueda ser controvertida o se incurra en errores circunstanciales que no afecten a la esencia de lo informado [...]*». STS (Sala 1.ª) 304/2018, de 24 de mayo, FJ 2.2; SSTC 6/1998, de 21 de enero, FJ 5; 240/1992, de 21 de diciembre, FJ 5; 47/2002, de 25 de febrero FJ 4.

64    STS (Sala 1.ª) 258/2015, de 8 de mayo, FJ 5; STC 126/2003, de 30 de junio, FJ 3.

65    También puede influir en el derecho a preservar el anonimato la relevancia pública del implicado o la naturaleza del delito, lo cual puede exigir que la persona sea identificada a través de sus nombres o apellidos y se mencionen por ejemplo solo sus iniciales. Vid. DE LA ROSA CORTINA, J. M., FERREIRÓS MARCOS, C. E., *Claves prácticas, honor, intimidad y propia imagen: juicio de ponderación y responsabilidad civil.*, Francis Lefebvre, 2022, p. 134.

Por último, la protección del derecho a la imagen también puede ceder ante el derecho a la información cuando el hecho posee interés público y contribuye a la formación de la opinión pública, incluso cuando se publiquen sin el consentimiento del concernido, siempre y cuando guarde relación con el hecho delictivo[66]. En este caso, también este interés público puede ser matizado.

Un ejemplo de estas matizaciones lo encontramos en la reciente STS (Sala 1.ª) 484/2024, de 21 de marzo. Esta sentencia aborda un caso en el que un periódico publica una noticia sobre un doble asesinato cometido 36 años atrás. La sentencia concluye, por un lado, que no existe violación del derecho a la intimidad, pues el hecho criminal, y, muy especialmente, el asesinato, es de trascendencia pública. Sin embargo, por otro lado, sí aprecia la vulneración del derecho al honor dado que el tiempo transcurrido repercute en el interés general de la noticia, disminuyéndolo. Este interés podría haberse satisfecho de otras maneras que fuesen respetuosas con el honor de quien resultó condenado y con su reinserción en la sociedad. También aprecia el Tribunal que en estas circunstancias se produjo la vulneración del derecho a la propia imagen del demandante por la publicación de fotografías que permitían su identificación[67].

En relación con estos derechos, es preciso destacar que los menores tienen un ámbito de protección cualificado y los medios de comunicación están obligados a proteger de manera específica su honor, su intimidad y su propia imagen. Los requisitos que legitiman el derecho a la información en relación con los mayores de edad no son suficientes para los menores, pues prevalece su interés superior. La Ley de Comunicación Audiovisual[68] en su art. 95 reconoce el derecho de los menores a que su imagen y su voz no se utilicen por los servicios de comunicación audiovisual sin su consentimiento o el de su representante legal. Además, prohíbe la difusión de su

---

66  STS (Sala 1.ª) 30/2022, de 19 de febrero, FJ 5.

67  Este caso trata sobre la publicación de un artículo que realiza un diario en el que se reproduce el 12 de diciembre de 2020 la portada del mismo periódico en la edición de 2 de septiembre de 1984 con el titular: «*El legionario se declara culpable del doble crimen*». Se muestra una foto del demandante, y también fotografías de las páginas anteriores de la edición con los cadáveres de las dos víctimas asesinadas por el demandante. El TS no aprecia una violación del derecho a la intimidad, pero sí del derecho al honor y a la propia imagen. En cuanto al derecho a la intimidad, la participación en el hecho criminal supone que se convierta en un hecho de trascendencia pública, por tanto, no exclusivo del círculo personal y familiar que abarca el ámbito de la intimidad. En relación con el derecho al honor, si bien hay que atender a la veracidad y al interés general, este interés ha podido decaer por su desconexión temporal (36 años después). Puede continuar teniendo interés histórico o estadístico, si bien podría haber maneras para satisfacer este interés sin entrar en el derecho al honor del autor, puesto que, su buen nombre, entra dentro de su derecho a la reinserción tras haber cumplido condena.

68  Ley 13/2022, de 7 de julio, General de Comunicación Audiovisual.

nombre, imagen o datos identificables del menor en contextos de hechos delictivos, de emisiones en las que se discuta su tutela o filiación, o relativas a situaciones en las que hayan sido víctimas de violencia en cualquiera de sus manifestaciones.

## 3. SERIES O PELÍCULAS BASADAS EN CRÍMENES REALES

La libertad de creación ampara el derecho a crear una obra que no se corresponda en absoluto con la realidad empírica (art. 20.1.b CE). No obstante, en ocasiones, la obra resultante se encuentra a medio camino entre la realidad y la ficción. Esta nueva creación consta de elementos identificables y correspondientes con la realidad, y otros en los que el autor aporta su toque personal haciendo uso de sus licencias creativas. En los casos en los que la obra se basa en hechos delictivos reales se produce una tensión entre el derecho a la creación artística y literaria, el derecho al honor, la intimidad y propia imagen y, también, con las exigencias de veracidad que impone la libertad de información.

Cuando la obra artística se basa en hechos reales, la exigencia de veracidad es más relajada, puesto que se permiten determinadas licencias al creador en virtud de su derecho a la libertad de creación y producción artística[69]. Algunas series incorporan al inicio un aviso al espectador advirtiendo de que la serie está basada en hechos reales, si bien añaden que algunos eventos, personajes o circunstancias han resultado modificados con fines creativos[70]. Sin embargo, ello no quiere decir que no existan ciertos límites.

Por ejemplo, la también novedosa STS (Sala 1.ª) 342/2024, de 25 de junio, resuelve la demanda de uno de los implicados en la operación Nécora, por considerar que la serie *Fariña* había vulnerado sus derechos al honor, intimidad personal y propia imagen. El demandante alega, entre otras cosas, que en la serie se atribuye a su personaje la iniciativa en el tráfico de cocaína y también muestra escenas íntimas de

---

69   Como ejemplo en el que se rechaza la vulneración del derecho al honor citamos el caso de los Marqueses de Urquijo. El 30 de septiembre de 2009 se emitió en TVE la película *El crimen de los marqueses de Urquijo* como uno de los capítulos de la serie *La huella del crimen*. Fue protagonizada por actores profesionales y se basó en el asesinato de los Marqueses de Urquijo. La emisión fue precedida de un documental en el que se explicaban los pormenores del caso. El TS rechaza que existiese vulneración del derecho al honor, y confirma el pronunciamiento de la AP considerando que esta abordó correctamente la tensión dialéctica entre los derechos en conflicto. Por un lado, en ponderación de la veracidad relevante de la libertad de información concluye que los hechos eran veraces, y las personas eran claramente reconocibles. Por otro lado, las licencias creativas estaban justificadas y no llegaban a tergiversar los hechos ni a acusar al demandante de haber participado en el crimen. STS (Sala 1.ª) 441/2014, de 29 de julio, FJ 7.

70   Así aparece por ejemplo al inicio de la serie *El caso Asunta*. En la serie *El cuerpo en llamas* se hace referencia a los fines «dramáticos».

contenido sexual. Con respecto al primer motivo, el TS concluye que no ha habido una extralimitación en la producción artística, pues aunque en la operación Nécora no se le condenase por tal delito, la persona tiene una imagen pública que alcanza la condena por delito fiscal y, posteriormente, se le ha condenado en otros casos por tráfico de hachís[71]. No obstante, la Sala 1.ª del TS sí aprecia vulneración del derecho a la intimidad por haberse mostrado en el inicio de uno de los capítulos una escena íntima y reservada de contenido sexual. La sentencia sostiene que tal escena resulta desproporcionada dado que la escenografía no responde a la trama argumental sino a una intención de enganchar al telespectador. Estos objetivos podrían haberse conseguido sin haber invadido el ámbito de la intimidad[72].

En relación con la operación Nécora, el libro *Fariña*, fue secuestrado cautelarmente ante la demanda por infracción del derecho al honor interpuesta por uno de los personajes citados en el libro. Tal demanda fue desestimada[73]. Como ejemplo de petición de suspensión cautelar del estreno de una serie, mencionamos el realizado por quien resultó condenada en el caso de *La guardia urbana*[74].

Por otro lado, los conflictos que plantea el *true crime* en el autor o partícipe de los hechos delictivos no se reducen a sus derechos al honor, la intimidad y la propia imagen. La producción de contenidos audiovisuales enmarcados en el género del *true crime* puede dificultar el cumplimiento del art. 25 CE en cuanto a la orientación de las penas a la reinserción del individuo[75]. También pueden presentarse problemas en el alcance del derecho al olvido[76], de la presunción de inocencia[77], o en relación con la publicidad de las actuaciones y el secreto de sumario, entre otros.

---

71    STS (Sala 1.ª) 342/2024, de 25 de junio, FJ 12.

72    STS (Sala 1.ª) 342/2024, de 25 de junio, FJ 24.

73    Vid. STS (Sala 1.ª) 29/2021, de 25 de enero.

74    Se inadmitió a trámite la solicitud de medidas cautelares a lo cual se presenta recurso de apelación que estima admitida a trámite la solicitud (AAP 125/2024, de 19 de abril de 2024).

75    Ello puede suceder si la serie contribuye al rechazo de la sociedad hacia el autor del crimen una vez extinguida su condena.

76    SAN (Sala 3.ª) de 6 de febrero de 2024 en la que se desestima el recurso presentado por el hombre condenado por el homicidio de una joven, en los Sanfermines de Pamplona de 2008 y que invoca su derecho al olvido solicitando la retirada de noticias relacionadas con los hechos. Los hechos delictivos también dieron lugar al documental *Nagore*.

77    Por ejemplo, *El caso Sancho*, se emitió mientras estaba teniendo lugar el juicio en Tailandia, por tanto, antes de que existiese una sentencia firme. Sobre los efectos *ad extra* del derecho a la presunción de inocencia. DE HOYOS SANCHO, M., *Efectos ad extra del derecho a la presunción de inocencia*, Tirant lo Blanch, 2021; SAN MIGUEL DEL CASO, C., «Las declaraciones públicas de culpabilidad. Reflexiones sobre la difusión de la información y los juicios paralelos», *La ley penal*, núm. 154, 2022, p. 5.

Además, no solo se plantean problemas en el autor o partícipe de los hechos, sino que los terceros pueden sufrir también vulneraciones en sus derechos. Así se refleja, por ejemplo, en la STS (Sala 1.ª) 887/2021 de 21 de diciembre, sobre la serie *Muerte en León*, donde se estima la vulneración del derecho a la propia imagen de una persona que fue grabada al participar en un proceso selectivo para acceder a una plaza en la Diputación Provincial[78]. No se aprecia que exista vulneración del derecho al honor, pues, a pesar de no ser un personaje público, la proyección social que tuvieron los hechos en los que se vio envuelto justificó la información sobre su persona. Con todo, sí se concluye que existió una vulneración sobre el derecho a su propia imagen por ser una persona ajena a los hechos, por haber resultado implicada en ellos de forma involuntaria y por haber visto incorporadas unas imágenes sobre su persona en una serie televisiva sin haber prestado su consentimiento, ni para la grabación, ni para difusión.

## 4. *TRUE CRIME* Y DERECHOS DE LAS VÍCTIMAS

La víctima del delito y sus familiares pueden sufrir una revictimización por el impacto que pueden tener este tipo de creaciones sobre ellas y por la violencia mediática que pueden desencadenar.

El proceso penal debe de dar una protección integral a las víctimas. El Estatuto de la Víctima, en línea con la normativa europea, pretende defender sus intereses materiales y morales. En su preámbulo se afirma que la finalidad es que los poderes públicos ofrezcan una respuesta lo más amplia posible, no solo jurídica, sino también social y, *«no solo reparadora del daño en el marco de un proceso penal, sino también minimizadora de otros efectos traumáticos en lo moral que su condición puede generar, todo ello con independencia de su situación procesal»*.

Sin embargo, la realidad es que muchas víctimas y sus familiares sufren esta revictimización a causa de tener que revivir los sucesos en pantalla y también por el

---

78   La serie referencia las circunstancias que rodean la muerte de la presidenta de la Diputación Provincial de León. En su capítulo segundo se recogen secuencias del desarrollo del juicio referidas al proceso selectivo del personal para acceder a una plaza en la Diputación con connotaciones que transmitían al telespectador que el afectado pudo obtener su plaza de modo irregular. El juzgado de primera instancia n.º 5 de Burgos estima la acción deducida por la parte actora, si bien la sección 2.ª de la AP de Burgos absuelve a la demandada.

impacto mediático que generan, agravado por el tipo de delito, o por los protagonistas que intervienen en las creaciones audiovisuales[79].

La sociedad tiene derecho a conocer lo sucedido en asuntos tan graves como lo son los hechos penales. También tiene derecho a expresar su opinión al respecto y a mostrar su sensibilidad a tal realidad, incluso a través de creaciones artísticas. No obstante, existen fronteras que escapan no solo de los límites legales, sino también de los éticos y estéticos. En este sentido, han surgido opiniones que apelan a la conveniencia de realizar un código ético que rija las producciones de este género creativo[80].

La explosión de contenidos audiovisuales plantea conflictos y ponderaciones cuyos límites son difusos y su solución muy casuística al depender del caso concreto. El derecho, que presenta un carácter generalista, se encuentra con la difícil tarea de dar solución a estos casos. Pero no solo el derecho, también la sociedad ha de evolucionar hacia un acercamiento responsable a los sucesos delictivos.

---

79  Existen en nuestro país ejemplos en los que los familiares de las víctimas tratan de evitar que se emitan documentales o series sobre el suceso delictivo. Así recientemente, la madre de un menor, víctima de un asesinato (caso Gabriel), trata de evitar un documental en el que participaría la asesina de su hijo.

80  Opinión de GARRIDO GENOVÉS, V., en CALDERERO DE ALDECOA, J., «True crime: los expertos apelan a la ética», *Alfa & OMEGA*, 30 mayo de 2024 <https://alfayomega.es/true-crime-los-expertos-apelan-a-la-etica/> [Consultado a 12 de julio de 2024]. Existen en este marco aspectos discutidos, como, por ejemplo, la posibilidad de realizar entrevistas a los condenados o que puedan participar en las producciones durante el tiempo de condena.

# LOS ODIOSOS OCHO Y LA PROVOCACIÓN SUFICIENTE EN LA LEGÍTIMA DEFENSA

### DAVID GALLEGO ARRIBAS

*Profesor Ayudante de Derecho penal en la Universidad Autónoma de Madrid*

*«¿Y qué piensas hacer, viejo? ¿Vas a pasar los próximos dos o tres días ignorando al negro que mató a tu hijo? ¿Ignorando cómo lo hice sufrir?».* De esta manera, el Mayor Marquis Warren (Samuel L. Jackson) termina de narrar al General Sanford Smithers (Bruce Dern) cómo torturó, violó y asesinó al hijo de este último. Previamente, el personaje de Marquis Warren había dejado un revólver cargado al alcance del General Smithers; en el momento en el que el General se dispone a hacer uso de él, Marquis Warren dispara causándole la muerte, convencido de haber actuado en legítima defensa.

La escena anterior, de la película *Los odiosos ocho* (dirigida por Quentin Tarantino), refleja uno de los problemas clásicos de la legítima defensa: hasta qué punto esta causa de justificación ampara a quien se defiende de la agresión que previamente ha provocado. En el ordenamiento jurídico español, la «falta de provocación suficiente por parte del defensor» constituye el requisito tercero de la legítima defensa (art. 20.4.º CP). En relación con ello, dos serían las cuestiones capitales que resolver: a) ¿cuándo debe reputarse suficiente la provocación por parte del defensor?; b) ¿cuál es el fundamento de la restricción en el alcance de la eximente? Como se verá, una y otra cuestión se encuentran interconectadas.

En lo que al primero de los interrogantes se refiere, se han propuesto diversas soluciones que, en el caso que nos ocupa, llevarían a distintas consecuencias para el personaje de Marquis Warren. La más restrictiva de todas ellas lleva a afirmar que solo es suficiente aquella provocación que, ya de por sí, constituye una agresión hacia el provocado. Desde este punto de vista, el Mayor Marquis Warren actuaría en legítima defensa de manera completa, pues, al margen de la discusión sobre lo típico de su conducta inmediatamente anterior, no puede decirse que existiera una agresión actual en el momento en el que el General Sanford Smithers agarró el revólver.

La teoría anterior ha sido abandonada por un motivo sencillo: deja sin contenido a la legítima defensa al faltar el primero de sus requisitos, de naturaleza esencial, esto es, la agresión ilegítima. La existencia de una agresión ilegítima actual justificaría la reacción defensiva del sujeto provocado (en esta hipótesis, agredido) y, por tanto, negaría automáticamente la posibilidad de que el provocador (en esta hipótesis, también agresor) actuara en legítima defensa contra dicha reacción[81].

Por ello, un determinado sector de la doctrina entiende como suficiente aquella provocación constitutiva de una acción típica y antijurídica[82]. Adviértase que la exigencia de antijuridicidad en la acción no significa que haya de ser constitutiva de una agresión actual. Así, como sucedía en muchos de los supuestos de «pistoleros en el salvaje oeste», en los que uno injuriaba al otro con el objetivo de que aquel desenvainara para dispararle en ese momento, el ilícito estará consumado, lo que impide afirmar su actualidad, pero no su carácter antijurídico.

Desde la perspectiva de esta última teoría, no queda claro si los actos de Marquis Warren habrían alcanzado el límite de la provocación suficiente. Ello en tanto resulta difícil determinar si, el narrar detalladamente el modo en el que se ha torturado y dado muerte a un familiar de primer grado (en este caso, un hijo) constituye o no una acción antijurídica. Desde luego, no parece que tenga cabida como delito contra el honor (injurias del art. 208 CP), salvo, tal vez, que la frase con la que ha comenzado esta contribución sea interpretada como una forma tácita o presunta de llamar cobarde a una persona. Quizás, los hechos podrían tener un mejor encaje en el art. 173 CP, como trato degradante, por el especial padecimiento psíquico que, en un padre, generaría una narrativa como la que aquí nos ocupa.

Menos dudas arroja el supuesto si se analiza desde el criterio actualmente dominante en la jurisprudencia del Tribunal Supremo, esto es, entender como provocación suficiente aquella que en la mayor parte de las personas hubiera determinado a una reacción agresiva (por todas, STS 9979/2001, de 18 de diciembre). Así, desde la doctrina y la jurisprudencia se ha hablado de la necesidad de valorar la proporcionalidad de la provocación respecto de la respuesta agresora[83]. De esta manera, la suficiencia habría de determinarse desde un plano empírico-cultural[84], si bien corregido por la idea de que no todas las conductas que generen un riesgo relevante de que se produzca

---

81    CASTELLVÍ MONSERRAT, C., *Provocar y castigar. El agente provocador y la impunidad del sujeto provocado*, Tirant lo Blanch, 2020, p. 348.

82    Por esta teoría parece inclinarse MIR PUIG, S., *Derecho penal. Parte general*, 10.ª ed., Reppertor, 2016, p. 458; también, ROXIN, C., *Derecho Penal. Parte General. Tomo I: Fundamentos. La Estructura de la Teoría del Delito*, Civitas, 1997 p. 640.

83    LUZÓN PEÑA, D. M., *Lecciones de Derecho penal. Parte General*, 3.ª ed., Tirant lo Blanch, p. 401. En la jurisprudencia del TS, por todas, STS 9979/2001, de 18 de diciembre.

84    JIMÉNEZ DE ASÚA, L., *Tratado de Derecho penal. Tomo IV*, Losada, 1961, p. 237.

la agresión ilegítima podrán ser consideradas provocación suficiente. Y es que, en ningún caso, pueden constituir provocación suficiente las conductas justificadas, aun cuando aumenten el riesgo de agresión[85].

En este caso, parece evidente que la conducta de Marquis Warren hubiera determinado una respuesta agresiva en la mayoría de las personas, aun cuando pudiera cuestionarse su proporcionalidad respecto de la provocación.

Junto al problema anterior, fuertemente vinculado a este, se ubica el referido al fundamento de la restricción en el alcance de la eximente. Probablemente sea en este punto en el que menos consenso doctrinal existe, planteándose distintas teorías que, si bien no llevarían a distintas soluciones en el caso de la película, sí lo harían en distintos supuestos hipotéticos en los que otros personajes presentes en aquel momento hubieran decidido intervenir o hubieran sido agredidos.

Así (supuesto hipotético 1), imaginemos que en el momento en el que el General Sanford Smithers desenvaina el revólver apuntando hacia el Mayor Marquis, quien dispara al primero es, por ejemplo, el personaje de Chris Mannix (Walton Goggins), también presente en el salón. Del mismo modo, también es posible imaginar que el Mayor Marquis hubiera narrado a Sanford Smithers cómo Chris Mannix torturó y mató al hijo de este último, siendo Marquis quien defiende a Mannix (supuesto hipotético 2), o el propio Mannix (supuesto hipotético 3) quien realiza la acción defensiva frente a Smithers.

La primera de las teorías se corresponde con la defendida por la doctrina alemana mayoritaria: la existencia de un abuso en el ejercicio de un derecho[86]. Sin embargo, como ha señalado Castellví Monserrat, la idea del abuso de derecho está lejos de poder ofrecer una respuesta satisfactoria, siendo, más bien, un argumento vacío de contenido[87]. Ello en la medida en la que el art. 7.2 CC define el abuso de derecho como «*todo acto u omisión que, por la intención de su autor, por su objeto o por las circunstancias en que se realice sobrepase manifiestamente los límites normales del ejercicio de un derecho*». De esta forma, el abuso de derecho se caracterizaría por negar la licitud de una actuación en principio permitida por el ordenamiento a partir de su oposición a un determinado principio. En el caso de la legítima defensa, ni se identifica cuál es ese principio, ni se da la primera condición para hablar de abuso de derecho: la licitud de la conducta, pues el propio art. 20.4.º CP excluye la licitud de la defensa del provocador[88].

---

85    ROXIN, C., 1997, pp. 640, 643; CASTELLVÍ MONSERRAT, C., 2020, p. 351.
86    ROXIN, C., 1997, p. 640.
87    CASTELLVÍ MONSERRAT, C., 2020, p. 357.
88    *Ibid.*, p. 359.

Mayor recorrido tiene el argumento ínsito en un segundo grupo de teorías que consideran que el fundamento de la restricción se encontraría «*en el principio clásico del derecho según el cual nadie puede sacar provecho de su propia actuación antijurídica*»[89]. Esta teoría resulta parcialmente convincente, pues es capaz de resolver satisfactoriamente los supuestos hipotéticos planteados.

Así, en el supuesto hipotético 1, en el que el provocador es agredido, pero no es quien realiza la acción defensiva, esta teoría llevaría a considerar justificada la actuación del tercero, respondiendo el provocador en autoría mediata por obrar a través de un instrumento justificado[90]. Esta es la misma solución (autoría mediata del provocador) que se daría en el supuesto hipotético 3 (en el que el provocador no es agredido y no lleva a cabo la acción defensiva). Más dudas plantea el supuesto hipotético 2 (en el que el provocador no es agredido, sino que defiende al tercero que sufre la agresión), existiendo autores que defienden también aquí la autoría mediata a través de uno mismo como instrumento justificado[91].

Sin embargo, el mayor problema de esta teoría reside en que la provocación ha de ser en sí antijurídica, pues aquellas que no lo sean (aun cuando sí puedan constituir provocaciones que en la mayoría de los casos determinan una reacción agresiva), tampoco podrán ser ilícitas en su causa y, en consecuencia, el acto debería permanecer impune. Puede decirse, en consecuencia, que, valorativamente, la teoría anterior deja una cierta laguna de impunidad.

Tampoco están exentas de problemas las teorías que consideran que los supuestos de provocación suficiente vician la legítima defensa en su causa, esto es, el hacer triunfar al ordenamiento y al bien jurídico frente al injusto[92]. Esta tesis puede llegar a soluciones no deseadas en los supuestos hipotéticos planteados. Sobre todo, en los casos en los que un tercero defiende al provocador frente a la agresión del provocado (supuesto hipotético 1), en los que se habría de negar la legítima defensa completa si se arguye que respecto del provocado existiría un menor interés en la reafirmación del derecho y de sus bienes jurídicos[93].

El fundamento más completo, creo, se obtendría a partir de una suerte de combinación de las dos teorías inmediatamente anteriores, de manera que el vicio en

---

89    MOLINA FERNÁNDEZ, F., «Legítima defensa», en MOLINA FERNÁNDEZ, F. (coord.), *Memento penal*, Francis Lefebvre, 2022, p. 220, quien habla de una suerte de *actio illicita in causa*.

90    *Ibid*., p. 222.

91    *Ibid*., p. 222.

92    JIMÉNEZ DE ASÚA, L., 1961, p. 233; ROXIN, C., 1997, p. 640.

93    MOLINA FERNÁNDEZ, F., 2022, p. 222.

la causa existiría solo en la medida en la que fuera el provocador el que ejerza la defensa[94], aun cuando la provocación no constituya, en sí, una acción antijurídica[95]. Quien lleva a cabo una conducta que, de manera general, determina una respuesta agresiva es corresponsable de la agresión y es esa corresponsabilidad la que niega la legitimidad del sujeto para reafirmar el derecho. En palabras de Castellví Monserrat, *«el provocador no podría desempeñar en nombre del Estado la función de afirmación del Derecho y, por tanto, su reacción defensiva no quedaría cubierta por el fundamento (supraindividual) de la legítima defensa»*[96].

En conclusión, el debate que Quentin Tarantino plantea en *Los odiosos ocho* sobre la provocación en la legítima defensa es más complejo de lo que la pausada y tranquila reacción del Mayor Marquis Warren da a entender en la película. La regulación contenida en el CP es, en este punto, deficitaria, dejando abierta la cuestión a las diferentes opiniones doctrinales y a los vaivenes jurisprudenciales. Parafraseando el inicio de este artículo, ¿qué va a hacer el legislador? ¿Va a pasar los próximos veinte o treinta años ignorando la cuestión? ¿Ignorando los problemas a ella asociados?

---

94  Así parece darlo a entender JIMÉNEZ DE ASÚA, L., 1961, p. 247, señalando que quien provoca suficientemente no puede alegar la legítima defensa perfecta cuando reacciona violentamente contra el ataque que él provocó; también, Roxin, C., 1997, p. 642.

95  Como indica CASTELLVÍ MONSERRAT, C., 2020, p. 353, la estructura sería similar a la doctrina de los actos propios: una conducta no ilícita (la provocación a la agresión) que impide realizar posteriormente otra conducta *prima facie* lícita (la defensa), debido a su incompatibilidad con la primera.

96  *Ibid.*, p. 360.

# INSTITUCIONALIZARSE

## ALEJANDRO LASO GIBERT

*Estudiante del Grado en Derecho*

*«Somos conscientes del contenido de la experiencia, pero no caemos en la cuenta de que es una ilusión. Vemos las sombras y las confundimos con la realidad».* — R.D. Laing

*«Puedes pensar lo que quieras, Floyd, pero créeme, estos muros embrujan. Primero los odias, luego te acostumbras, y al cabo de un tiempo llegas a depender de ellos. Eso es institucionalizarse».* Esto es lo que Red le dice a Andy Dufresne al poco tiempo de ingresar éste en prisión, condenado a cadena perpetua por un delito que no cometió. Este proceso de «institucionalización» al que se refería Red coincide con el concepto de «prisionalización» acuñado por primera vez por Donald Clemmer y definido por Jaime Alberto Echeverri como *«el proceso por el que una persona, por consecuencia directa de su estancia en la cárcel, asume, sin ser consciente de ello, el código de conducta y de valores que dan contenido a la subcultura carcelaria»*[97].

Este fenómeno, presente en las penas privativas de libertad mayores de 15 años y, con especial intensidad, en la pena de cadena perpetua, tiene un efecto trascendental. Convierte paulatinamente la cárcel en toda la realidad del encarcelado, constriñendo los límites de su mundo dentro de esos muros, alambradas y barrotes. Año tras año, como le sucedió a Brooks, Heywood y Red, la prisión se vuelve no sólo el castigo, sino también el hogar del prisionero debido al debilitamiento, y posterior desaparición, de los vínculos afectivos del exterior y a la falta de una verdadera esperanza de volver al «mundo real».

---

97  ECHEVERRI, J. A., «La prisionalización, sus efectos psicológicos y su evaluación», *Pensando Psicología*, vol. 6, núm. 11, 2010, p. 158.

Hablo de verdadera esperanza porque precisamente esto, la esperanza de no permanecer toda la vida en prisión fue uno de los motivos por los que la pena de prisión permanente revisable fue declarada constitucional, al considerarse que la posibilidad de revisión convertía dicha pena en humana[98]. En una determinada escena de *Cadena perpetua*, Red le dice a Andy que «*la esperanza es algo peligroso y puede volver a un hombre loco*», a lo que el protagonista replica que es «*lo único tuyo que te queda en la cárcel*».

Cuando una persona ingresa en prisión para cumplir una condena de una duración de dos veces el tiempo que lleva vivo (en el mejor de los casos), se le quita absolutamente todo: su trabajo, sus amigos, su familia, su ropa, etc. Lo único que no pueden quitarle es la esperanza. Pero cuando esa esperanza apenas alcanza el tamaño del agujero de una aguja de coser, que es lo que sucede en la prisión permanente revisable, la pena no se vuelve más humana. Todo lo contrario. Esa esperanza no es más que una falsa ilusión de una ansiada libertad que, en algunos casos, jamás se materializará, provocando, en la práctica, una tortura psicológica interminable para el preso.

Esta dependencia de la prisión y el alejamiento del mundo exterior que se produce en una persona que permanece en prisión tanto tiempo se ve de forma cristalina en la película. Brooks, tras 50 años cumpliendo condena, logra acceder a la libertad condicional. Pero, una vez se lo comunican, pierde el juicio e intenta, sin éxito, matar a Heywood para que le revocasen la libertad condicional. Nadie comprendía por qué había actuado así Brooks, pero Red ni se inmutó, al fin y al cabo, Brooks «*no está loco, sólo está institucionalizado. Aquí es un hombre culto, fuera no es nada*», haciendo así mención a esa subcultura carcelaria a la que se refería Jaime Alberto Echeverri.

Pero este fenómeno que se produce en Brooks no es lo único que haría muy difícil, si no imposible, cumplir con el mandato constitucional de resocialización y reinserción del artículo 25.2 CE. A ello se le suma que en el extenso periodo que el sujeto pasa en prisión las cosas no cambian al mismo ritmo dentro y fuera. Dentro, las cosas se mantienen relativamente estables. No hay grandes cambios en 50 años en el interior de una cárcel. Sin embargo, en esos mismos 50 años, fuera de la cárcel, el mundo cambia de manera radical. Brooks entró en prisión en 1903 y salió en los años 50. En ese periodo de tiempo, corto en términos históricos pero la mitad de una vida humana longeva, se produjeron tal cantidad de transformaciones en todos los sentidos que la mente humana no puede comprenderlo del todo cuando esos 50 años no han sido más que un largo paréntesis durante el que no ha cambiado nada en su vida. Los caballos han sido sustituidos por los coches como medio de transporte habitual, se han producido dos guerras mundiales que han cambiado las bases políticas sociales

---

98    STC 169/2021, de 6 de octubre.

y económicas del mundo entero, se ha inventado la radio y la televisión, el primer ser humano acaba de llegar al espacio (cuando a principios de siglo un avión era algo absolutamente increíble), y así podríamos seguir con una lista interminable.

Cuando finalmente salió de prisión, Brooks se vio incapaz de adaptarse a su nueva realidad, una realidad demasiado rápida e incomprensible para un hombre que llevaba medio siglo viviendo en la monotonía de una prisión. Ese mundo al que volvió hacía mucho que no le correspondía porque, cuando retornó a su entorno en libertad, ya no era el mismo que dejó cuando ingresó en prisión. Siente que ha pasado el tiempo para todo y todos, pero que él se ha quedado estancado. Incapaz de soportar esa nueva vida de soledad y devastado porque al devolverle lo que le había sido arrebatado al entrar en prisión (al menos lo material, ya que las relaciones anteriores a su encierro hacía ya mucho que habían muerto) le habían quitado todo, esto es, su vida en prisión, acabó suicidándose.

Algo idéntico estuvo a punto de pasarle a Red, quien era el más consciente de todo ello. Cuando fue liberado, hay un instante concreto en el que comprendió que pertenecía a otro mundo y que por muy consciente que fuera de ello nunca podría volver plenamente a la vida en sociedad: trabajando de nuevo se dio cuenta de que llevaba «*cuarenta años pidiendo permiso para ir a mear*». Ese fue el punto de inflexión en el que todo parecía conducir irremediablemente a un trágico final similar al de Brooks. Sin embargo, una promesa que un día hizo a un buen amigo le acabó dando un nuevo sentido a su vida.

*Cadena perpetua* es una grandísima película por razones cinematográficas, evidentemente. Pero, sobre todo, y para lo que aquí importa, porque muestra que la cárcel es un ambiente radicalmente contrario a la idea de resocialización. La convivencia con personas que efectivamente son incapaces de volver a vivir en sociedad, unido al largo tiempo de un número considerable de penas, es el caldo de cultivo idóneo para el desarrollo de trastornos, patologías, alteraciones somáticas o simplemente miedos, incluso en penas de prisión de corta duración, como han demostrado diferentes estudios, por ejemplo, el de Philip G. Zimbardo en la cárcel de Stanford en 1971. Se les arranca de la sociedad y entran en una dinámica cruel y monótona en la que escuchar la *Canzonetta sull'aria* de Mozart, que por un instante les saca de esos muros y les hace olvidar su desgracia, es el más grande de los privilegios y el más dulce de los placeres.

# EL ERROR DE TIPO PROVOCADO POR LA INIMPUTABILIDAD Y LA LEGITIMA DEFENSA FRENTE A UN INIMPUTABLE: EL CASO DE DENETHOR Y GANDALF

RUT LOPERA VIÑÉ

*Contratada Predoctoral de Derecho penal*

En la última película de la conocida saga de *El Señor de los Anillos*: *El Retorno del Rey*, dirigida por Peter Jackson y basada en la obra de J.R.R. Tolkien, se presenta una escena interesante desde el punto de vista jurídico-penal que involucra a Denethor, el Senescal de Gondor, a su hijo menor, Faramir, a Gandalf y al hobbit Pippin. Denethor está sumido en un estado de profunda desesperación tras la trágica muerte de su hijo mayor, Boromir (quien murió defendiendo a la comunidad del anillo), y por el inminente avance de las fuerzas de Sauron hacia Minas Tirith, la capital de Gondor. En este contexto, Denethor llevará a cabo una serie de decisiones irracionales que desencadenarán en su propia muerte.

Ante la inminente amenaza del ejército de Sauron, Denethor envía a Faramir a una misión suicida para defender la ciudad de Osgiliath. Faramir, obedece a su padre y se lanza a la batalla, a pesar de que las probabilidades están en su contra. El resultado es devastador: Faramir regresa gravemente herido e inconsciente, transportado por su caballo hasta las puertas de Minas Tirith. Denethor, al verlo en ese estado, interpreta erróneamente que su hijo ha muerto.

Sumido en la desesperación, Denethor toma la decisión de incinerar a Faramir y a sí mismo en una pira funeraria, buscando escapar del sufrimiento y de la derrota que considera inminente. Pippin, que sirve temporalmente en la corte de Gondor, se da cuenta de que Faramir aún está vivo y corre a buscar a Gandalf en su ayuda, que acude rápidamente al lugar donde Denethor ha preparado la pira.

La escena culmina en un momento de alta tensión. Gandalf, montado en su caballo, irrumpe en la sala donde Denethor ha colocado a Faramir sobre una pira de madera ya encendida. Denethor, en su estado de locura, se niega a escuchar razones y arroja a Pippin a la pira cuando este se interpone. Gandalf, protegiendo a Pippin, utiliza su bastón para apartar a Denethor y sacar a Faramir de las llamas. Denethor, en un último acto de desesperación, se lanza al fuego y, tras esto, se tira incendiado desde la cúspide de Minas Tirith, falleciendo en el acto.

¿Qué sucedería si este caso llegara a los tribunales? Esto es, si se planteara la posible responsabilidad jurídico-penal de Denethor por la tentativa de homicidio tanto de Pippin como de su propio hijo, o la responsabilidad del propio Gandalf por su intervención. Analicemos por separado cada una de estas cuestiones.

Podría decirse que este estado de perturbación psicológica en el que se encuentra Denethor afecta su percepción de la realidad, llevándolo a creer, erróneamente, que Faramir está muerto. Esta creencia equivocada se clasificaría como un error de tipo, ya que Denethor actúa bajo la falsa percepción de que su hijo ha fallecido, lo que lo lleva a tomar la decisión de incinerarlo junto con él mismo. Este caso es similar al resuelto en la STS 368/2016, de 28 de abril en el que la acusada no prestó auxilio a la víctima bajo la falsa creencia de que esta había fallecido. Tratándose de un error, surge la necesidad de su categorización como vencible o invencible. De tratarse del primer caso, el acto sería imprudente (en este caso en grado de tentativa) pero, si fuera invencible, podría excluirse la responsabilidad penal.

Como exponíamos con anterioridad, el error de tipo se define en Derecho penal como una situación en la que una persona tiene una falsa creencia sobre un hecho que constituye un elemento esencial del delito. En este caso, Denethor cree erróneamente que Faramir está muerto, lo que condiciona su decisión de proceder con la cremación. Este error, condicionado por su imputabilidad (por su estado mental alterado), podría ser un factor relevante para determinar su invencibilidad, ya que su capacidad para comprender la realidad y evaluar correctamente la situación está seriamente comprometida. Es más, probablemente la muerte de Faramir era una idea preconcebida en la mente de Denethor, desde que se dio cuenta de haber enviado a su hijo a una guerra perdida, lo cual explicaría que el padre no examinara el cuerpo de su hijo a la vuelta, sino que directamente pidió que le llevaran a la torre. En todo caso, este comportamiento irracional, apoyaría la idea de que el hombre no estaba en su sano juicio cuando llevó a cabo los hechos.

Se trataría, por tanto, de un error de tipo derivado de una situación de inimputabilidad. Para analizar la inimputabilidad de Denethor debemos definir qué se entiende por este concepto en Derecho penal. Este se refiere a la incapacidad de una persona para ser considerada responsable de sus acciones debido a una enfermedad mental o un trastorno psicológico que impide que comprenda la naturaleza o ilicitud de sus actos. En el caso de Denethor, debido al trauma de la muerte de su hijo Boromir, la aparente muerte de Faramir y el inminente ataque a Gondor, cabría la posibilidad de argumentar que su capacidad de decisión está disminuida. Según Gimbernat Ordeig, el trastorno mental se caracteriza por ser transitorio y exógeno[99]. Cuando este trastorno sea debido a la enajenación ya no será exógeno, y, por tanto, lo correcto será apreciar enfermedad mental. En el caso que nos ocupa, parecería que se trata de motivos *externos* (los descritos anteriormente) y por tanto podría ser calificado como un trastorno mental transitorio.

De este modo, si consideramos que Denethor está en un estado de inimputabilidad debido a su trastorno mental transitorio, sus acciones podrían no ser penalmente imputables, ya que no actúa con plena conciencia de la ilicitud del hecho. El trastorno mental transitorio de Denethor podría ser visto como una causa que anula su capacidad de culpabilidad, justificando así su inimputabilidad. El estado en el que se encuentra Denethor provoca que no tenga conciencia de la antijuridicidad de sus actos. Cualquier otro sujeto (a partir de un juicio *ex ante*) habría comprobado si su hijo estaba o no muerto antes de proceder con la incineración. Siguiendo este razonamiento podría afirmarse que Denethor no tendrá responsabilidad penal. En todo caso, y lamentablemente, este análisis ha sido totalmente ficticio, pues resulta irrelevante la posible responsabilidad penal de un fallecido.

En segundo lugar, la intervención de Gandalf en la escena parecería poder ser analizada en un primer momento desde la perspectiva de la legítima defensa de terceros, que permite a una persona actuar en defensa de otra para protegerla de una agresión ilegítima y actual. En este sentido, Gandalf intervendría para salvar la vida de Faramir, que aún está vivo, y también la de Pippin, que se encuentra en peligro inminente debido a la reacción irracional de Denethor.

La legítima defensa de terceros justificaría la utilización de medios *necesarios* y *proporcionales* para repeler una agresión actual e injusta contra una persona. En este caso, Gandalf actúa para evitar dos agresiones injustas: la cremación de Faramir y de Pippin. Además, en cuanto al requisito de la actualidad de la agresión, la intervención de Gandalf puede considerarse justificada, ya que Pippin y Faramir están en una situación de peligro inminente. Podría también admitirse que el uso de los medios a disposición son los necesarios, pues a pesar de haber armas cerca (espadas) y de disponer de su propio bastón mágico, Gandalf usa su vara como si de un palo se tratase. Es más difícil establecer si se trata de una defensa proporcional pues, a pesar de que está actuando para proteger la vida de Faramir y la integridad de Pippin, bienes altamente relevantes, es cuestionable que Gandalf el blanco (que todo lo sabe y todo lo

---

99    GIMBERNAT ORDEIG, E., *Introducción a la Parte General del Derecho Penal Español*, Universidad Complutense de Madrid, 1979, p. 75.

ve, o prácticamente todo) y que conocía el estado en el que se encontraba Denethor, no tuviera a su alcance una solución en la que provocara un daño menor.

Además, la situación se complica si se tiene en cuenta que, como hemos expuesto antes, Denethor podría estar en un estado de inimputabilidad debido a su trastorno mental transitorio. Pues la legítima defensa de terceros se aplica en situaciones donde el agresor es plenamente imputable y consciente de sus acciones. Si Denethor está en un estado de inimputabilidad, su conducta podría no ser considerada antijurídica desde su propia perspectiva, ya que actúa bajo un error de prohibición condicionado por su estado mental. Y se complica aún más teniendo en cuenta que parecería que Gandalf era conocedor de esta situación.

Con Fernando Molina, parece más lógico reservar el término de la legítima defensa para las agresiones culpables y referirse a un estado de necesidad defensivo para acciones antijurídicas no culpables[100], como la que estamos examinando. Esta eximente ampararía a quien en un estado de necesidad para evitar un mal, o sea, salvar un interés legítimo en peligro (la vida de Faramir y la integridad de Pippin), reacciona precisamente contra la persona o cosa fuente del peligro (Denethor), que no llega a ser una agresión ilegítima (por su estado de inimputabilidad), y que, por esa razón es estado de necesidad, pero por una cierta similitud con la legítima defensa se permite causar un mal algo mayor, pero no desproporcionadamente mayor que el que amenaza.

Tendríamos que examinar, de nuevo, la proporcionalidad en los medios empleados. Cierto es que, en una valoración *ex ante*, podría afirmarse que sí hay proporcionalidad. Sin embargo, con respecto a su valoración *ex post*, pensando en Gandalf, que es sabio y poderoso, es cuestionable admitir que haya habido desproporcionalidad mayor a la amenaza, un poderoso mago frente a un anciano hombre que no está en sus cabales. No obstante, al no estar regulado expresamente, la doctrina formula dos fundamentaciones posibles para la admisión del estado de necesidad defensivo. En primer lugar, considerarlo una eximente por analogía *in bonam partem* en parte con la legítima defensa y en parte con el estado de necesidad normal o agresivo, o interpretar que cabe dentro del propio estado de necesidad del artículo 20.5.º porque, al reaccionar contra la fuente del peligro, la ponderación de intereses redunda en perjuicio de dicha fuente y, por tanto, lo que sin ese dato sería causar un mal algo mayor resulta un mal igual al que se va a evitar y cumple la proporcionalidad. No está clara la solución, pero parece que sí puede afirmarse que, a pesar de crearse un mal algo mayor, no resulta desproporcionadamente mayor que el que amenaza y, por tanto, se le podría aplicar a Gandalf la eximente completa.

---

100  MOLINA FERNÁNDEZ, F., Memento Práctico-Penal, Francis Lefebvre, 2025, p. 217.

# LOS PRINCIPIOS GENERALES DEL DERECHO PENAL EN LA CONSTRUCCIÓN DE NARRATIVAS CINEMATOGRÁFICAS: *PIRATAS DEL CARIBE, LA MALDICIÓN DE LA PERLA NEGRA*

DANIEL MARTÍNEZ-ARANA

*Estudiante del Doble Grado en Derecho y en Ciencia Política y Administración Pública*

## 1. INTRODUCCIÓN

El cine destinado a un público juvenil, como es el producido por Disney, tiene normalmente un propósito aleccionador, en el sentido en que construye con elementos cinematográficos una distinción entre aquellos personajes y actos que se muestran como «buenos» de aquellos que son «malos». Esto, aparte de contentar a los padres que llevan a sus hijos a las salas de cine, ayuda a conectar con el espectador de manera sencilla.

Todos, a medida que vamos creciendo, desarrollamos unos valores que forman parte esencial de nuestra personalidad. A través de estos interpretamos los fenómenos que nos rodean y que percibimos en el arte. Por tanto, una receta eficaz para apelar a un público amplio y para captar espectadores que sigan el curso de una saga es producir obras que se estructuren en base a injusticias fácilmente perceptibles que se resolverán al final del filme.

*La maldición de la Perla Negra* es la primera entrega de la saga *Piratas del Caribe*, que nos muestra las aventuras de Jack Sparrow, un pirata venido a menos, en su intento por recuperar «La Perla Negra», un barco que había capitaneado hasta que fue destronado por un motín.

La Perla Negra no es un barco normal, ya que su tripulación está presa de una maldición que data de la conquista de América. Según se narra, los dioses aztecas hicieron entregar a Hernán Cortés un cofre lleno de monedas de oro para que pusiera fin a las matanzas dirigidas contra la población indígena. No obstante, los dioses maldijeron este tesoro, de modo que todo aquel que extrajese una moneda del cofre quedaría condenado a vagar por el mundo como una cáscara vacía, inmortal, pero incapaz de sentir nada.

Los tripulantes de la Perla Negra, desconociendo la maldición, robaron este cofre en una de sus rutinarias incursiones por el Caribe y comenzaron a gastar su oro en distintos locales a cambio de mujeres y alcohol, quedando todos presos del conjuro.

Cuentan que, para poder librarse de la maldición, es necesario volver a reunir todas las monedas y derramar sobre ellas sangre de uno de los ladrones originales. Puesto que ninguno de los piratas, en su condición de muerto viviente, es capaz de sangrar, recurren para este último requisito a la sangre de William Turner, hijo del legendario pirata Bill «el botas».

Como podemos ver, la película se estructura a partir de dos injusticias sin resolver: una es la maldición que recae sobre los piratas, que percibimos como excesivamente cruel, y otra la necesidad de dañar a William Turner, un chico inocente, para acabar con el conjuro.

Para arrojar luz sobre por qué esas circunstancias nos parecen injustas y funcionan tan bien en nuestra mente de espectadores acudiremos al principio de proporcionalidad y al principio de culpabilidad del Derecho penal.

## 2. ¿QUÉ SON LOS PRINCIPIOS PENALES?

A grandes rasgos, incluso las audiencias juveniles son capaces de identificar qué castigos y conductas son «buenos» o «malos». Esto parte del sentido innato de justicia al que nos referíamos previamente. Sin embargo, para estructurar un sistema jurídico debemos actuar con rigor científico en la medida de lo posible y no nos es útil calificar una norma de «injusta» si no sabemos cómo arreglarla y qué es lo que la hace de esa manera. Por tanto, los valores no son suficientes para juzgar las normas jurídicas directamente. Necesitamos un elemento intermedio que haga de puente entre nuestra intuición de justicia y las normas propiamente dichas. A estos intermediarios les llamamos principios del Derecho penal, directrices que expresan características ideales de un sistema jurídico penal a partir de las cuales podemos identificar si una determinada norma es valiosa para el ordenamiento o disvaliosa y, por tanto, merece ser expulsada de este.

### 2.1. Principio de proporcionalidad

Es sencillo identificar que hay algo de excesivo en la maldición padecida por los piratas. El sufrir de una inmortalidad tortuosa por haber robado unas cuantas monedas de oro se nos hace intuitivamente una respuesta desproporcionada. Incluso los directores de la película quieren hacernos pensar de esa manera, por eso el título habla de *La maldición* y no *el castigo* o *la pena* de la Perla Negra. ¿Por qué nos resulta tan evidente esta deficiencia de la norma? La respuesta que nos otorga el ordenamiento es el principio de proporcionalidad, que exige que las normas pasen una triple evaluación para descubrir si son o no adecuadas en el sistema penal:

a. Idoneidad: la norma debe ser susceptible de conseguir los objetivos que se pretenden con ella. Por tanto, la amenaza de la pena debe ser adecuada para proteger los bienes jurídicos en peligro. En este caso, los bienes que intentaban proteger los dioses aztecas con la maldición era la propiedad de su oro y la vida de su pueblo, que en ese momento vivía su conquista por parte de las tropas españolas. Es casi seguro que, de haber conocido los piratas la maldición, estos se hubieran abstenido de robar el botín. En este sentido, la medida es técnicamente idónea. El hecho de que este castigo no estuviera anunciado nos traza la línea divisoria entre las penas, que buscan proteger bienes jurídicos de manera preventiva, y la maldición, que impone un castigo no advertido.

b. Necesidad: la sanción impuesta por la norma ha de ser la menos gravosa de las posibles para obtener el fin que se persigue, de modo que no exista un mecanismo menos lesivo capaz de lograr el mismo objetivo. Si lo que se pretendía era proteger el oro azteca de la invasión española es probable que se nos ocurran medios menos agresivos para hacerlo: ocultarlo en un lugar no conocido por los conquistadores, dividirlo entre la población para que sea más difícil rastrearlo, mantenerlo bajo estricta vigilancia… La medida escogida, por el contrario, ha proyectado sus consecuencias negativas no sobre las tropas de Hernán Cortés, sino sobre una banda de piratas ajena a esa situación unos 200 años después. Por tanto, esta es innecesaria por ser excesivamente gravosa considerando las alternativas posibles.

c. Proporcionalidad estricta: la sanción debe ser ponderada teniendo en cuenta los bienes vulnerados por la conducta y los protegidos por la norma. Los bienes jurídicos guardados por nuestro ordenamiento no son todos igualmente valiosos, es posible hacer prevalecer unos sobre otros. En ocasiones esta elección se muestra de manera expresa en nuestras normas y en otras es objeto de interpretación y debate por la doctrina y jurisprudencia. No obstante, en determinados casos esta prevalencia se nos muestra con facilidad. Es así con los derechos a la vida y la integridad física. De algún modo, el resto de los derechos del ordenamiento están subordinados a ellos puesto que estos se conceden al sujeto con su nacimiento y la acompañan hasta que fallece. Por tanto, las vulneraciones a la vida pueden condicionar no solo el disfrute de esta sino el de todo el resto de los derechos que la ley nos otorga. Considerando esto, a todas luces, la maldición falla en su proporcionalidad estricta. La sanción provocó afectaciones violentas en los derechos a la vida, integridad física y moral, libertad y dignidad de los piratas. Todo esto para proteger un difuso derecho a la propiedad del Siglo XVI siendo que ni siquiera estaba establecido con claridad a quién pertenecía dicho botín.

En conclusión, la maldición es idónea (pero desconocida), innecesaria y desproporcionada en la consecución de los fines que pretende y, por tanto, vulnera el principio de proporcionalidad.

### 2.2. Principio de culpabilidad

La segunda tensión cinematográfica surge de la exigencia jurídica de que, para que una persona pueda responder de una conducta, esta tiene que haber sido provocada por su intención o su negligencia y se expresa en el latinismo *nullum crime sine culpa* (no hay delito sin culpa).

El problema en este caso viene de la necesidad de derramar sangre de un pirata para poner fin a la maldición. No nos chocaría tanto ese requisito de no ser porque el individuo afectado en la película acaba siendo William Turner, quien es hijo de un pirata de la banda original, pero no ha llevado a cabo el robo que, de hecho, tuvo lugar cuando él era tan solo un niño. Inclusive Will no había sabido hasta ese momento que su padre fue un pirata y había vivido bajo la ilusión provocada por su madre de que este era un marinero mercante que había estado ausente durante toda su infancia. Desde los 13 años, Will había vivido como un herrero huérfano en la colonia británica que entonces era Jamaica, ignorando por completo sus raíces.

Esta situación de injusticia vertida sobre él le convierte en un héroe entrañable con el que el espectador se puede identificar y desea proteger de los piratas que actúan de villanos. En este aspecto, la trama les convierte no solo en las víctimas de la maldición, sino en su brazo ejecutivo, puesto que son ellos quienes tienen que raptar a William para cumplir con las exigencias de esta y quedar liberados. Su condición de oprimidos-opresores hace de los piratas unos personajes realmente atractivos al público. La vida pirata, con todos sus grises morales, es el principal objeto de fascinación de la saga.

## 3. CONCLUSIÓN

El arte que consumimos, como los sistemas jurídicos que desarrollamos, es el resultado de los valores que sostenemos como sociedad. Mientras que en Derecho las injusticias deben ser evitadas de inicio, en el cine estas son provocadas intencionadamente para resolverse al final de la trama y generar en el espectador la satisfacción de que se ha restaurado el orden.

La creación de estas tensiones cinematográficas responde a criterios muy similares a los principios jurídicos por los que regimos nuestra sociedad, por conectar los valores humanos con situaciones concretas, dejando en el espectador (o en el ciudadano) un sentimiento de seguridad.

# LA VENTANA INDISCRETA: HITCHCOCK, VOYERISMO Y PRISMÁTICOS

MARINA MÍNGUEZ ROSIQUE

*Profesora Permanente Laboral de Derecho Penal*

«*El Estado de Nueva York condena a seis meses de trabajos forzados a los mirones. Y no hay ventanas en la cárcel. ¿Sabe que en otra época les sacaban los ojos con un hierro candente? ¿Cree que vale la pena acabar así por una de esas rubias en bañador? Ay, sí, nos hemos convertido en una raza de mirones. Lo que deberían hacer es salir de sus casas y mirar hacia dentro para variar. Sí, señor. ¿Qué le parece mi filosofía casera?*»

Con estas palabras irrumpe en la estupenda *La ventana indiscreta* (1954) el personaje de Stella, la enfermera del seguro encargada de atender a Jeff, protagonista de la película: un fotoperiodista que, como consecuencia de un accidente, se encuentra aparatosamente escayolado y temporalmente postrado en una silla de ruedas durante un caluroso verano neoyorkino. Las palabras de Stella no son sino una reacción ante la reciente (y cuestionable) afición de Jeff de observar a sus vecinos desde su ventana con sus prismáticos y sus teleobjetivos. Es posible que este nuevo hobby traiga cuenta de una suma de varios factores, como el aburrimiento extremo, la imposibilidad de realizar otras actividades, y la «deformación profesional», pero, en cualquier caso, Jeff es uno de esos mirones a los que alude Stella (y nosotros con él).

La otra visita que Jeff recibe con asiduidad en su apartamento es la de su novia, Lisa, quien también tiene algo que decir sobre este hábito cada vez más obsesivo de Jeff:

«*Mirar por la ventana para pasar el rato es una cosa, pero hacerlo como tú lo haces, con prismáticos y esas extravagantes opiniones de todo lo que ves, ¡es enfermizo!*».

Lo que Jeff ve a través de su ventana le lleva a sospechar de la comisión de un asesinato: Jeff está convencido de que uno de sus vecinos de enfrente, Thornwall, ha asesinado a su esposa. Teniendo en cuenta que todo lo que nosotros/as vemos como espectadores/as lo vemos a través de sus ojos (o sus lentes), parece iniciarse aquí una transición o redención entre el *voyeur* inicial y el héroe detective justiciero. Curiosamente, la única vez en la que el propio Jeff tiene dudas acerca de lo correcto o incorrecto de su actividad tiene lugar tras observar cómo un hombre trata de sobrepasarse sexualmente con otra de las vecinas a las que suele observar desde su apartamento. En ese momento, Jeff musita:

> «¿Sabes? A pesar de que no me guste darle la razón a Thomas Doyle, creo que sí estaba en lo cierto cuando dijo que lo que ocurre en cualquier hogar es algo muy privado. Me pregunto si es ético eso de vigilar a un hombre con prismáticos o con una cámara con zoom. ¿Crees que es ético aunque consigas probar que no cometió el crimen?»

Esta reflexión en voz alta es respondida por Lisa con un escueto «*No sé mucho de ética de ventanas*».

El objetivo de esta contribución no es, evidentemente, aproximarme a la ética de ventanas, sino centrarme una cuestión más concreta de la que me percaté al volver a ver esta película cuando la vida (académica) ya había puesto la protección penal de la intimidad en mi camino. En concreto, me pregunté si aquello que inicialmente hacía Jeff durante su «cuarentena» era una conducta subsumible en alguno de nuestros actuales delitos contra la intimidad. ¿Estaba Jeff cometiendo un delito al observar a sus vecinos/as? ¿O no llegaba al umbral de lo delictivo? No debemos olvidar que, por mucho rechazo que nos genere su conducta (aunque con el transcurso de la película se nos vaya olvidando poco a poco), la protección penal de la intimidad es una protección fragmentaria, esto es, que no opera frente a cualquier tipo de ataque contra la intimidad, sino únicamente frente a aquellos ataques que el legislador penal ha considerado que son los más graves, existiendo, en su caso, la vía civil para tutelar la intimidad en el caso de ataques o intromisiones no recogidos en el Código Penal.

Cuando llegamos al Título del Código Penal que se encarga de proteger la intimidad, lo primero con lo que nos encontramos son, precisamente, las conductas consistentes en hacerse con determinada información de otros (lo que nuestro Código Penal denomina «descubrimiento de secretos»). En concreto, a la vista de la conducta de nuestro protagonista, nos interesa una de las modalidades comisivas del art. 197.1 CP, que castiga a quien, para descubrir los secretos o vulnerar la intimidad de otro/a, utilice artificios técnicos de escucha, transmisión, grabación o reproducción del sonido o de la imagen, o de cualquier otra señal de comunicación. Y, con este precepto en mente, mientras los fotogramas pasaban, mi cabeza desconectó momentáneamente de la película y comenzó a elucubrar…

Y es que esta concreta modalidad delictiva alude a lo que tradicionalmente se ha denominado «control audiovisual clandestino», y requiere la utilización de alguno de los medios establecidos expresamente en el precepto, esto es, artificios técnicos para escuchar, transmitir, grabar o reproducir sonido, imagen u otra señal de comunicación. Esto implica que quedan fuera del tipo todas aquellas conductas en las que ese acceso a la intimidad ajena se produzca sin que se emplee uno de estos medios, como puede ser todo aquello que se capte directamente por los sentidos, como podría ser escuchar desde el otro lado de la puerta… o mirar desde la ventana.

Ahora bien, nuestro mirón protagonista no ha utilizado únicamente su sentido de la vista para ver lo que sucedía en cada una de las ventanas de sus vecinos/as, sino que, por el contrario, utilizó prismáticos o su cámara con un gran teleobjetivo, si bien, tal y como vemos en la película, sin tomar fotografías (aunque luego descubramos que tiene unas diapositivas por ahí guardadas… pero quedémonos con que, al menos en lo que se nos muestra, él sólo estaba mirando).

En este sentido, es cierto que, para acceder a ese conocimiento o información referente a la intimidad ajena (que, para más inri, tiene lugar en los respectivos domicilios de sus víctimas), Jeff ha utilizado artificios técnicos, en concreto, instrumentos ópticos basados en sistemas de lentes. Sin embargo, ¿estos instrumentos encajan en alguno de los artificios que enumera el Código Penal para poder subsumir esta conducta en el mencionado delito?: lo cierto es que no se trata de artificios técnicos de escucha, y que tampoco se trata de artificios técnicos de transmisión, grabación o reproducción de imagen, sonido u otra señal de comunicación. Con respecto a la imagen, estos instrumentos lo que hacen es ampliar imágenes lejanas que el sujeto, a través de su uso directo (esto es, sin ningún tipo de reproducción en otro dispositivo), puede observar de manera magnificada. Vendrían a ser una especie de «supergafas», por así decirlo. ¿Entonces? ¿Qué sucede (penalmente) con el empleo con estos instrumentos ópticos como los prismáticos, los teleobjetivos, los catalejos o los telescopios?

Desde el respeto al principio de legalidad, parece claro que dichas conductas quedarían fuera del ámbito de aplicación de este precepto. Lo contrario implicaría considerar que, dado que el legislador incluyó los «artificios técnicos de escucha», también deben entenderse incluidos los «artificios técnicos de visión», y esto supondría un claro caso de analogía *in malam partem*, esto es, incorporar a la norma un supuesto que no está incluido en ella, pero que guarda similitud con ella, en contra del reo.

En este sentido, ya señalaba LUZÓN PEÑA que, cuando el anterior Código Penal introdujo este delito en 1984 (LO 7/1984, art. 497 bis CP), si bien las conductas de grabación, transmisión o reproducción eran expresamente aplicables tanto al sonido como a la imagen, la conducta referida a la utilización de aparatos técnicos de escucha no contaba con un correlativo paralelo para lo referente a la visión, y que esta posibilidad, que fue planteada por los redactores del proyecto en 1983, fue rechazado por entenderse que el uso de estos artilugios que comentamos ahora no suponían una conducta suficientemente grave como para merecer reproche penal. En este sentido, adopta la idea de otros autores de que no es suficiente con que se trate de artificios que refuercen la capacidad natural de visión, sino que deben sustituir esta capacidad[101].

Pese a ello, algunos/as autores/as sostienen que estas conductas sí son subsumibles en este precepto porque se utiliza un artificio técnico[102], obviando así la literalidad del resto del precepto. Si bien se admite que puede argumentarse que conductas como las de nuestro protagonista atentan gravemente contra la intimidad y merecen un reproche penal, lo cierto es que esto, desde luego, no puede hacerse a costa de sacrificar el principio de legalidad.

En consecuencia, quienes hubieran visto afectada su intimidad de esta manera podrían, en su caso, articular la protección de carácter civil dispensada por la LO 1/1982, cuyo art. 7 considera una intromisión ilegítima en la intimidad «*la utilización de aparatos de escucha, dispositivos ópticos, o de cualquier otro medio para el conocimiento de la vida íntima de las personas (…)*». Hoy por hoy, y tal y como están las cosas, desde el punto de vista penal, no hay nada que hacer con un mirón como Jeff.

---

101  LUZÓN PEÑA, D.M., «Protección penal de la intimidad y derecho a la información», *Anuario de Derecho Penal y Ciencias* Penales, tomo 41, 1988, pp- 53-54.

102  GONZALEZ RUS, J. J., «Delitos contra la intimidad, el derecho a la propia imagen y la inviolabilidad del domicilio (1)» , en COBO DEL ROSAL, M. (coord.), *Derecho Penal español. Parte especial*, 2.ª ed., Dykinson, 2005, pp. 358-359; CARRASCO ANDRINO, M. M., «Descubrimiento y revelación de secretos», en ÁLVAREZ GARCÍA, F. J. (dir.), *Tratado de Derecho Penal. Parte especial (I). Delitos contra las personas*, 4.ª ed., Tirant lo Blanch, 2024, pp. 1641-1642.

# ¿VENCEDORES O VENCIDOS?: EL DILEMA ENTRE LA TEORÍA PURA DEL DERECHO Y LA JUSTICIA EN NÚREMBERG

## ANTONIO PIPÓ PÉREZ-TEJADA

*Estudiante del Doble Grado en Derecho y en Ciencia Política y Administración Pública*

En este ensayo trataré de mostrar cómo el arduo debate que tuvo lugar en Núremberg despertó una explicación del Derecho que se creía superada. El positivismo jurídico, en su versión más científica y rigurosa, había derrocado al Derecho natural de su longevo dominio sobre la Teoría del Derecho.

El resurgimiento de ideas naturalistas, la confusión y la división doctrinal generado por ellas se ve reflejada perfectamente en la película *¿Vencedores o Vencidos?* de 1961, dirigida y producida por Stanley Kramer. Además, el enfrentamiento entre el rigor jurídico y los principios de moral y justica se puede apreciar personificado en los jueces que componen el tribunal en la película. El Juez Curtiss Ives (Ray Teal) representaría la vertiente positivista y el Magistrado Jefe Dan Haywood (Spencer Tracy) representaría la vertiente naturalista.

En Núremberg, el tribunal tuvo la difícil labor de decidir si los cuatro acusados, jueces durante el régimen nacionalsocialista, eran culpables de crímenes contra la humanidad. En una de las escenas que examinaré, el juez Ives manifiesta sus dudas desde el primer momento sobre su culpabilidad, fundándolas en argumentos relativos a la aplicación del principio de legalidad en el debate sobre la aplicación retroactiva de leyes penales, anticipando las diferencias que tendría con el juez Haywood.

Sin embargo, no me limitaré únicamente a mostrar cómo este debate se aprecia en la película, sino también cómo se refleja en la mente de un brillante jurista, Hans Kelsen. Kelsen fue el arquitecto que diseñó una teoría jurídica de impoluta coherencia y sistematización, por la cual es considerado uno de los juristas más relevantes de nuestro tiempo. Sus experiencias vividas y los horrores acaecidos en Alemania fueron como cañonazos lanzados hacia su edificación de la Teoría Pura del Derecho. Una teoría que parecía inmune al iusnaturalismo, ahora se veía asediada por las ideas resucitadas de moralidad y justicia que Kelsen creía haber desterrado del campo de la ciencia jurídica.

Kelsen aborda el principio de la retroactividad del derecho en su ensayo «La regla contra la irretroactividad y el enjuiciamiento a los criminales de guerra del eje» (1945). Este ensayo me parece un ejemplo real del debate entre la rigurosidad iuspositivista, que él predicaba, y un concepto patente y manifiesto de justicia y moral.

Kelsen pretendía individualizar y acotar el alcance de la retroactividad de la ley, para así justificar las sentencias recaídas en Núremberg, ejemplificadas en la del Juez Haywood en la película a comentar. Kelsen parte de la idea de que el principio de justicia que se encuentra en la base de la regla que impide la aplicación retroactiva de la ley es que esta última debe ser conocida para poder ser aplicable. Este principio va siempre acompañado del contraprincipio de que la ignorancia de la ley no exime de su cumplimiento. A raíz de esta aparente contradicción, Blackstone establece la denominada regla contra la aplicación del Derecho desconocido. Quiere decir que, aunque el sujeto *de facto* no conociese la norma, supondrá una excepción que este pudiese y debiese haberla conocido.

La regla contra el Derecho retroactivo establecería por tanto la prohibición de aplicar una ley a un sujeto el cual la desconoce sin tener a su alcance la *posibilidad* de conocerla. El elemento de *posibilidad* sería el elemento que restringe la regla contra la aplicación del Derecho desconocido.

Pero lo importante, a efectos del debate, es que, para Kelsen, el problema de la retroactividad no se trata como un aspecto de técnica jurídica que se pueda predicar de cualquier norma, sino como un principio subyacente de justicia. Y si lo pensamos, este apunte no estaría del todo desencaminado. De forma intuitiva o natural, no nos resulta injusta la retroactividad penal favorable. La retroactividad para Kelsen tan solo supone, objetivamente, una cualidad de la norma que, además, tan solo en determinados casos y, según hiera nuestro sentimiento de justicia, supondrá una violación antijurídica. De este modo, somos capaces de tolerar ciertos efectos retroactivos de la norma si ello no supone una lesión a nuestra percepción innata de la justicia. En coherencia, para Kelsen la retroactividad penal desfavorable es, ciertamente, una posibilidad jurídica, aunque no resulte deseable.

Kelsen justifica no aplicar el principio contra la retroactividad penal desfavorable contra los poderes del eje basándose en dos argumentos principales, que son, a su vez y como veremos, los argumentos que más se distancian de su esmerada metodología en su Teoría Pura del Derecho. Así, Kelsen arguye que, en el caso de que se dé un conflicto entre dos principios incompatibles del Derecho, uno deberá prevalecer. Por ello, Kelsen entiende que, según la opinión pública del mundo civilizado, es más importante llevar ante la justicia a los criminales del eje que respetar la regla contra las leyes *ex post facto*.

El otro argumento importante constituye una relativización del principio de legalidad en materia de retroactividad, diferenciando entre la retroactividad aplicada a acciones «irrelevantes» o «inocentes» en contraposición con la aplicación a acciones que ya eran inmorales. Para justificar el enjuiciamiento de aquellas acciones que podrían ser crímenes contra la humanidad de forma retroactiva, Kelsen hace uso de esa diferenciación como forma de salvar las objeciones relativas a que eran conductas no solo no tipificadas como delito, sino que, además, muchas estaban expresamente amparados por ley nacional. El hecho de que existieran «*violaciones abiertas de los principios de moralidad generalmente reconocidos por las naciones civilizadas*» justifica la aplicación retroactiva con base en que no eran acciones «irrelevantes» o «inocentes».

Kelsen se ve obligado a incluir en la construcción de su justificación las ideas de una moral colectiva, de justicia y de ética y, además, utilizar dichas ideas como elementos axiomáticos de un razonamiento que parece abandonar las exigencias de su pureza formal metodológica. Prueba de lo anterior es que no es difícil percibir cómo, durante todo el ensayo, Kelsen relativiza los principios generales del Derecho. Esto sucede con el principio de legalidad cuando cuestiona que el principio nullum poena sine lege sea un principio general del Derecho y, por si fuera poco, señala que, aunque se pudiese argumentar que, en efecto, lo fuese, le parece igualmente dudoso que los principios generales del Derecho puedan ser considerados parte del Derecho internacional y, por tanto, no se aplicaría a estos casos.

Habiendo analizado sus argumentos, resulta sorprendente que el padre del positivismo jurídico pudiera alinearse con la opinión predominante en la película, la del juez Haywood, una opinión naturalista cargada de consideraciones axiológicas que justifica la aplicación retroactiva en favor de un concepto de justicia autoevidente, pero abstruso e indeterminado. En la escena de la deliberación antes del fallo es donde más se acentúa la representación de ambas ópticas. Por un lado, el juez Ives focaliza sus argumentos en precedentes jurídicos y pruebas, lo que le induce a dudar sobre el caso. Por otra parte, el juez Haywood confronta a su compañero, calificando su razonamiento como: «*sutilezas legales y especulaciones*» sugiriendo que una absolución fundada en formalismos legales, en clara alusión al principio de legalidad, supondría algo semejante a «*mirar hacia otro lado ante el asesinato de seis millones de personas*».

Aunque la respuesta de Haywood pueda parecer algo sentimentalista, es un fiel reflejo del dilema que suponían estos juicios; dilema que tuvo lugar en la mente de Kelsen y que trató de conciliar en sus ensayos. Es, además, un problema acentuado por el hecho de que los acusados fueran jueces que aplicaban un Derecho válido y vigente, actuando de forma irreprochable conforme a los estándares positivistas clásicos. Este problema sería inexistente en el caso de los líderes cuya iniciativa y órdenes son causa inmediata de los crímenes a juzgar, cosa que no se puede apreciar con tanta claridad al considerar la labor de un juez que se limita a aplicar la ley vigente. Por mucho que en Núremberg se citaran principios de justicia evidentes ante la razón humana, no se puede exigir que, con base en estos, el juez renuncie a su puesto, o incluso peor, deje de aplicar una ley válida. Esa acción se debería tratar, a mi juicio, como un acto heroico u honorable, pero ni mucho menos puede constituir una acción *debida* o *esperada* por el ordenamiento, en el sentido que contempla el Derecho penal.

Uno puede pensar que la Teoría Pura del Derecho se desacredita por la propia contradicción de su creador. Nada más lejos de la realidad. La profunda huella que deja el método de Kelsen es innegable, hasta el punto de que es impensable un Estado de derecho que prescinda del principio de jerarquía normativa o de un Tribunal Constitucional. Y, sin embargo, tras Núremberg ha quedado claro que tampoco es posible un Estado de derecho que obvie los principios de dignidad y unos estándares, aunque mínimos, de justicia.

La película finaliza con la sentencia en la que todos los jueces son condenados a prisión perpetua. El fallo se adoptó por dos votos a uno: el juez Haywood, acompañado de uno de sus colegas jueces, contra el voto disidente del juez Ives. Al comparar ambos discursos se ve claramente cómo vence el ideal naturalista frente a la tesis del juez Ives, que justifica su discrepancia en la falta de competencia del tribunal y en que debería juzgarse «objetivamente» la causa. Me parece una buena caracterización de lo que tuvo que pasar en la mente de Kelsen, una incongruencia y una tensión generada por el enfrentamiento entre un dogma al que Kelsen tuvo lealtad durante toda su teoría y un imparable sentimiento de exigir justicia ante la barbarie del régimen nazi, al que Kelsen no le pudo dar la espalda. Algo así como una disonancia cognitiva jurídica.

# UN MONSTRUO VIENE A VERME: SOBRE LA VISIBILIDAD QUE BRINDA EL CASTIGO

LEOPOLDO PUENTE RODRÍGUEZ

*Profesor Ayudante Doctor de Derecho penal*

En 2016 se estrenó la película *Un monstruo viene a verme*, dirigida por J. A. Bayona y basada en la novela de mismo título de Patrick Ness. El filme, como todos los de este director, presenta una fuerte impronta personal: una historia emocionalmente intensa y unos efectos visuales bastante llamativos. A quien haya visto la película quizás le sorprenda que pueda ser analizada desde el punto de vista penal, pues el argumento parece distar mucho de aquello que es propio del delito o de la pena, pero las cosas, como sucede con frecuencia, no son tan sencillas, pues crimen y castigo, como instituciones sociales ubicuas que son, ofrecen oportunidades para reflexionar acerca de ellas allí donde menos se espera. Así, aunque, obviamente, lo que trataré en las siguientes páginas no constituye el objeto principal de la película, sí que supone una de sus variadas y ricas manifestaciones o «sub-hilos» narrativos.

El argumento básico de la película es sencillo: un joven encara los últimos días de la enfermedad terminal de su madre. El guion del filme no engaña y reconoce ya el punto de partida en las primeras frases que se pronuncian en él mediante una voz en *off*: «*¿Cómo empieza la historia? Empieza como tantas historias: con un chico demasiado mayor para ser un niño, demasiado joven para ser un hombre y una pesadilla*». Este chico, como es lógico, comienza a presentar en su casa y en el colegio un comportamiento errático y destructivo. En más de una ocasión a lo largo de la película produce destrozos materiales de cierta importancia como forma de dar salida a la rabia que lo inunda. En este contexto comienza a aparecer una recurrente ensoñación en la que el tejo de un cementerio cercano, desenraizándose de la tierra, alcanzando una imponente altura y con ciertos rasgos antropomórficos, entabla una relación mentor-alumno con el chico, al que trata de guiar en su proceso de maduración y de aceptación mediante una serie de historias o fábulas.

Lo interesante, para el objetivo de estas breves páginas, reside precisamente en el inadecuado comportamiento del joven y, especialmente, en la manera que el resto de personajes tienen de reaccionar a él. En esencia: frente a las conductas disruptivas y destructivas del protagonista, sus familiares, profesores y compañeros actúan con cierta indolencia, bien ignorando sus faltas, bien comentándolas con él, pero obviando el castigo. Al menos en dos ocasiones a lo largo de la película se produce, con ínfimas variaciones, el siguiente esquema: el joven desarrolla un comportamiento extremadamente inadecuado y cuando el adulto aborda con él la cuestión, el primero pregunta: «*¿No vais a castigarme?*», a lo que el adulto responde: «*¿De qué serviría?*». Esa actitud condescendiente confunde, ofusca y sorprende al chico.

El punto álgido de la película, en lo que a este punto se refiere, se alcanza en la tercera de las historias que le cuenta el Tejo, que, curiosamente (o no tanto) es la que ofrece un menor despliegue de recursos visuales. En ella, justo antes de que el protagonista agreda (y lesione) a un compañero que, aunque lo hacía con frecuencia en el pasado, ha dejado ya de acosarle en el colegio (alguna escena parece sugerir que por la lástima que le despierta la enfermedad de la madre de la víctima), el Monstruo formula la breve historia del siguiente modo: «*Había una vez un hombre invisible que se había cansado de que no lo vieran. No es que de verdad fuera invisible. Es que la gente se había acostumbrado a no verlo. Un día el hombre invisible no pudo soportarlo más. No dejaba de preguntarse: ¿Si nadie te ve, de verdad existes?*».

Este pasaje pone de relieve de modo muy explícito el punto en el que quiero ahora centrarme. Sea lo que sea lo malo que el castigo comporta para quien lo sufre (y, en ocasiones, eso «malo» puede llegar a ser terrible), de él siempre se desprende algo valioso para quien lo recibe: el reconocimiento como un igual. La pena, el castigo, es un mal. Implica dolor, sufrimiento. Por ello, de modo por lo general muy razonable, la doctrina se ha empeñado en patrocinar la idea de que este debe ser reducido a su mínima expresión. El razonamiento es sencillo: si la pena es un mal, a menor pena, menor mal. El problema es que el razonamiento es tan sencillo como engañoso y solo sería cierto si se diera una condición que, en realidad, es imaginada: que la pena fuera el *único* mal.

Una vez asumido que la pena comporta también necesariamente algo bueno, la exclusión de la pena implica también la renuncia a ese algo positivo. La renuncia a ese «algo positivo» podrá estar muchas veces justificada por el bien superior que implica renunciar a un castigo que se entiende inmerecido, pero ello no será así siempre.

Si alguien alberga dudas al respecto, se puede preguntar si hay muchas cosas que le irriten más que la concesión de un perdón que se entiende improcedente o la elusión de un castigo que puede ser merecido. Como ejemplo de lo primero (perdón improcedente), imagínese la clásica discusión de pareja en la que ambas partes creen (seguramente equivocadas ambas) tener la razón. En tal caso, si una le dice a la otra «Da igual, te perdono», no es disparatado que la otra parte responda, «No, no, si quien te tiene que perdonar soy yo, métete el perdón por donde te quepa». Como ejemplo de lo segundo (elusión inmerecida del castigo), imagine ser un estudiante que, tras suspender un examen acude a una revisión y le explica al profesor que no entiende qué ha podido suceder, pues ha estudiado mucho la asignatura. Imagine ahora cómo se sentiría si el profesor respondiera: «¿Sabe? Tiene razón, usted se ha esforzado mucho. Aunque no alcanza el nivel necesario para aprobar, esto ocurre por su falta de capacidad, no por su falta de esfuerzo, de manera que no merece el mal que supone el suspenso. Le pondré un cinco porque, ciertamente, usted no da para más y no tiene sentido marearle con la recuperación». El estudiante evitaría así el mal del suspenso, pero tendría derecho a sentirse profundamente ofendido por las palabras de su profesor.

El Derecho penal, aunque sofisticado, no deja de ser una práctica social más y, por ello, es razonable que se nutra también de emociones y sentimientos parecidos a los que acabo de describir. Un castigo inmerecido es injusto, pero una disculpa que también lo es, se puede sentir igualmente como una afrenta. Castigamos a aquellos que pensamos que son, en lo esencial, como *nosotros*, aquellos que tienen unas capacidades parecidas a las nuestras y una manera similar también de procesar la información. Por el contrario, disculpamos a aquellos con quienes no nos sentimos identificados, a aquellos que son, en lo que importa, *diferentes*. Disculpamos al loco o al niño, o a quien se encuentra en una situación especial (intoxicación, por ejemplo) que no le permite ser él mismo y lo asemeja al loco o al niño. Si esto es así, disculpar a alguien equivale a decirle: no te castigamos *porque no eres como nosotros*.

El castigo comporta muchas veces (especialmente cuando implica una pena de prisión) una exclusión física, pero, paradójicamente, la disculpa puede comportar una exclusión simbólica, comunicativa, que puede ser tanto o más lesiva que la propiamente física: «te disculpamos porque eres distinto, porque no te tomamos en serio como un ciudadano más, porque te pareces al loco o al niño o, directamente, eres uno de ellos». Lo que haga un sujeto en tal condición no será reputado como un mensaje válido, admisible, frente al que habría que responder con el castigo, sino como el «ruido» que introduce un sujeto que no se comunica en los mismos términos y frente al que habrá que responder *de otra forma* (por cierto, «otra forma» que puede ser tanto o más excluyente físicamente que la pena de prisión).

Todo ello, como corolario, pone en tensión una idea generalizada y bienintencionada, pero nociva, según la cual el sistema penal será más humanitario cuanto más ensanche el concepto de inimputabilidad, pues habrá menos castigo. Habrá menos castigo, sí. Pero más personas serán reputadas distintas, no merecedoras de que sus juicios, opiniones y acciones sean, en verdad, tomadas en serio. La vida es más compleja de lo que se infiere de determinados discursos algo pueriles que parecen dirigidos a niños y que gráficamente se podrían expresar en la idea «pena, caca». No somos niños y merecemos discursos algo más sofisticados. Todo esfuerzo por reducir el dolor es bienvenido, pero creer que el castigo es la única forma de dolor que la comunidad puede infligir a uno de sus ciudadanos es una simpleza. En ocasiones, y no está de más recordarlo precisamente al hilo de la película que sirve de pretexto a estas reflexiones, el sueño de la razón produce monstruos.

No se me escapa que la película que aquí comento pretende, razonablemente, transmitir la idea de que el joven cuya madre fallecerá pronto reclama para sí un castigo que en realidad no merece, solo por la intensa pena que padece y por la incapacidad de comprender y canalizar sus sentimientos. De hecho, en el tramo final de la película el protagonista se hace consciente de lo contradictorio de sus sentimientos (no quiere quedar nunca sin su madre, pero no puede seguir soportando tanto sufrimiento y desea también que, por fin, todo acabe) y se expresa del siguiente modo: «*¿Por qué no me he muerto? Merezco que me castiguen. Merezco lo peor*». El malestar que le produce su comprensible agotamiento (compatible, sin embargo, con querer que esa situación no acabe nunca, porque su fin significa el adiós definitivo a su madre) le hace sentirse culpable y merecedor de cuanto malo le suceda. Esto, sin embargo, y es lo que trata de transmitirle su mentor-Tejo, no merece, está claro, ni castigo, ni reproche.

Sin embargo, si he escogido esta película para mis reflexiones es porque el proceso de madurez que atraviesa su protagonista y que todos (antes o después) experimentamos ilustra bien la idea básica que he tratado de transmitir: hay momentos en que queremos dejar de ser considerados niños y pasar a ser tratados como adultos, incluso soportando censuras o reproches mayores como consecuencia de nuestros errores. Un adolescente que cree merecer ser tratado como un adulto encontrará pocas cosas más degradantes que ser tratado como un niño (prueben a poner en la «mesa de los niños» a su primo o sobrino adolescente en un evento familiar y lo comprobarán pronto, aunque poner al adolescente en la mesa de los adultos pueda comportar para él un tedio inenarrable).

La película, como decía al principio, presenta otras muchas (e igualmente interesantes) líneas en su trama, aunque seguramente ninguna otra ofrezca problemas «específicamente penales». Son varios los aspectos, sin embargo, que merecerían ser destacados si este texto pudiera contar con mayor extensión. Sin ir más lejos, la moraleja que se hace explícita en la primera historia del Tejo daría para varias reflexiones en relación con tiempos recientes: «*los reinos tienen los príncipes que se merecen, las hijas de los granjeros mueren sin motivo y, a veces, las brujas merecen ser salvadas*». Pero no será hoy cuando hablemos de eso.

# LA *CASA DE PAPEL* Y NUESTRO QUERIDO PROFESOR: ¿ACEPTAMOS LA MERA COOPERACIÓN NECESARIA, REFORMULAMOS LA COAUTORÍA O ABRAZAMOS EL CONCEPTO UNITARIO DE AUTOR?

DANIEL RODRÍGUEZ HORCAJO

*Profesor Contratado Doctor de Derecho penal*

*La Casa de Papel* termina bien para sus protagonistas, por dos veces, lo cual, para-dójicamente, genera una sensación de alivio para cualquier seguidor de la serie, que no ha podido sino vincularse emocionalmente a «los malos de la película». Pero, de no haber sido así, los dos supuestos de hecho que sirven de base a la trama (robo en la Fábrica Nacional de Moneda y Timbre y robo en el Banco de España) habrían plantea-do grandes discusiones en el tribunal que los enjuiciara. Al menos se me ocurren dos: por un lado, una cuestión de la parte especial del Derecho penal, cual es la relación concursal a apreciar entre los delitos de robo con fuerza en las cosas y de robo con violencia o intimidación (un buen supuesto para, creo, reconocer alguna bondad al tan maltratado principio de alternatividad —art. 8.4.ª CP—); por el otro, una discusión de la parte general y vinculada con las categorías de autoría y participación. Es sobre esta última sobre la que quisiera desarrollar el presente trabajo.

La pregunta que me gustaría plantear es la siguiente: ¿qué forma de intervención delictiva es la que se corresponde con la actuación de Sergio Marquina, «el Profesor»? Creo que la Wikipedia, como casi siempre, define bien y de manera resumida su comportamiento durante los dos robos: «*Autor intelectual del atraco y quien reúne y lidera al grupo de asaltantes*». Más en detalle diríamos que es la persona que dirige las operaciones y a todos y cada uno de sus ejecutores directos, siendo además el único que tiene un conocimiento completo de todo el plan a seguir. Es, indiscutiblemente, el eje sobre el que gira todo el comportamiento criminal de los demás intervinientes.

Si intentamos aterrizar este fenómeno en las categorías de autoría y participación clásicas (arts. 28 y 29 CP), la cuestión se vuelve más compleja. Es sencillo descartar la consideración de la conducta de Marquina como de autoría única o de autoría mediata. Lo primero resulta obvio (solo hace falta recordar la lista de ciudades que dan nombre al conjunto de intervinientes con rol protagonista), y lo segundo tam-poco es complejo de entender: aunque el Profesor ordena y manda, ordena y manda sobre sujetos completamente responsables, lo que impediría su instrumentalización en los términos exigidos por la autoría mediata (que no es más que la utilización como autores directos del delito de personas que actúan voluntariamente, pero no responsablemente).

Si recurrimos a las estructuras de la participación delictiva, el Profesor podría ser considerado como un cooperador necesario, pero no como un inductor. Esta última posibilidad queda descartada desde el momento en el que el sujeto que hace nacer en los otros la resolución criminal mediante un influjo psíquico directo interviene también en la posterior ejecución del delito (el posible inductor quedaría transformado así en, como poco, un cómplice). Y la primera resulta de aplicación indiscutible porque, siendo que, como he dicho, el Profesor interviene en la ejecución del delito, lo hace prestando una aportación de la máxima relevancia, sin la que los delitos simplemente habrían devenido un imposible. Pero, por mucho que nuestro Código decida castigar al cooperador necesario con la misma intensidad que al autor del delito, ¿no hay algo extraño en considerar al único interviniente indispensable como un mero partícipe en un hecho ajeno?, ¿etiquetamos como actor secundario a aquel que tiene en exclusiva todo el dominio del hecho del mundo?

Alguien detectará en este discurso una laguna, ya que al hablar de la autoría se ha obviado su tercera forma, la de la coautoría, que, además, intuitivamente parece encajar bien con lo que vimos durante estas cinco temporadas, que narran actuaciones corales con un perfecto reparto de tareas. Sin embargo, esta intuición no se compadece bien con los requisitos que una gran parte de la doctrina, de corte objetivo-formal, exige para hablar de coautoría. Por un lado, sería necesario que entre todos los coautores se alcanzase un acuerdo para la ejecución del delito (el denominado *pactum scaeleris*), que es fundamento de la imputación recíproca propia de esta figura de autoría. Por el otro, sería también indispensable que todos los coautores interviniesen en la ejecución del delito, realizando la acción típica de modo parcial.

El primer requisito no resultaría problemático aquí sino más bien todo lo contrario: *la Casa de Papel* es el perfecto ejemplo de *pactum scaeleris* y de todas sus posibilidades, ya que se verifica un acuerdo que nace con anterioridad a la ejecución del robo, que va cambiando y actualizándose de forma sucesiva, a veces de forma expresa, a veces de forma tácita, y al que se van incorporando con posterioridad nuevos sujetos. Y todas estas vicisitudes no impiden, y así lo acepta tanto doctrina como jurisprudencia, hablar del pacto propio de la coautoría.

Lo que sí faltaría, en el caso del Profesor, es la satisfacción del segundo requisito, ya que él no realiza ninguna acción típica propia del robo con fuerza en las cosas o del robo con violencia. Ambos son tipos complejos, que requieren de más de un

LA CASA DE PAPEL

elemento para afirmar la tipicidad: en ambos casos el desapoderamiento de la cosa ajena, pero, además, un acto constitutivo de fuerza en las cosas o de violencia sobre las personas, respectivamente, vinculado todo ello en una relación funcional. Nada de esto es realizado por el Profesor, que en ningún momento (al menos hasta que el delito está consumado) toca el dinero ni tampoco accede con fuerza a los lugares del delito ni golpea o intimida a los rehenes. Él hace otra cosa, mucho más importante que todo eso, pero que no se encuentra formalmente mencionada en los tipos de referencia, con lo que su actuación no podría ser considerada como la de un coautor. Quedaría de nuevo volver a la paradójica solución de la cooperación necesaria.

Sin embargo, entiendo que este caso es uno idóneo para desplazar el concepto objetivo-formal de la coautoría y optar por un entendimiento más razonable de esta institución, en el que, en el contexto de la realización colectiva de un hecho, sean considerados como coautores todos aquellos que aporten algo de primera magnitud en la ejecución del plan trazado, aunque no sea propiamente una actuación prevista expresamente en el tipo en cuestión. Esto último es lo que, por un lado, evita equiparar coautoría con el simple acuerdo (se requiere este y, adicionalmente, un determinado comportamiento en su puesta en práctica) y, por el otro, traza la frontera entre la coautoría y la participación en un hecho ajeno.

> Lo que es la vida… Parece que Mir Puig ya había visto algún tráiler de la serie antes de redactar su Manual: «[…] *Un caso especialmente discutido es el del "jefe de la banda" que no acude al lugar del hecho. Debe serlo* [considerado coautor] *sin duda si sólo él conoce la totalidad del plan, del que los demás no son sino piezas parciales —del mismo modo que el arquitecto es el autor de la casa antes que el albañil—, y también si sigue controlando el hecho a distancia y no deja en manos de otro u otros su dirección última»*[103].

Con esta afirmación podría concluir mi reflexión, pero si hiciera eso no podría dormir tranquilo, lo que me llevaría a encender la televisión, ver más películas o series, pensar en otro tema para mi artículo en este libro y acabar por no publicar el que ahora leéis. Para evitar todo esto, al menos sí que quiero mencionar mis dudas sobre la solución propuesta. Esta, como decía, traza una frontera entre los supuestos de coautoría y los de cooperación necesaria en el hecho de otro autor (o de otros coautores). Pero esa frontera es tremendamente fina, si es que existe. Diferenciar entre cuándo, en el contexto de la ejecución colectiva de un delito, la aportación de un sujeto es de primera magnitud (coautoría) o trascendental e insustituible en el caso concreto (cooperación necesaria en hecho ajeno) es una quimera. Y esa quimera, como la

---

103   MIR PUIG, S., *Derecho Penal, Parte General*, 10.ª ed., Reppertor, 2016, p. 407.

que también se esconde en la pretensión de diferenciación entre inducción y autoría mediata, creo que nos tiene que llevar a replantearnos las críticas que desde antaño se hace a la idea del concepto unitario de autor (que, en resumidas cuentas, afirma que todo aquel que aporta causalmente a la producción del resultado típico, con una condición necesaria de este, siempre que el mismo le sea objetiva y subjetivamente imputable, debe ser considerado como autor del delito, sin mayor diferenciación). Creo que tras esto no se esconde la tan temida, por desproporcionada y tosca, equiparación de la responsabilidad de todos los intervinientes en el delito, sino la aceptación, desde un punto de vista jurídico, de la importancia similar que distintas intervenciones en un sentido fáctico, con algo más o menos de intensidad, tienen en la comisión del delito. Esto, por lo demás, es lo que rige en nuestro ordenamiento y en tantos otros, que casi acepta de manera expresa el concepto unitario de autor (por muchas vueltas que se quiera dar al tenor literal del art. 28 CP) y que, en sede de determinación de la pena, aplica la misma severidad a todos los intervinientes (sean autores, sean partícipes) a salvo de aquel que sea considerado como cómplice. No es que todo sea lo mismo, ni que todo sea igual de relevante, pero sí que formas distintas de intervención pueden tener una relevancia similar, y a todas ellas podemos considerarlas (y castigarlas) como autoría.

En resumen, creo que el Profesor tiene que ser considerado como algo más que un partícipe en un robo ajeno. Él es el factótum y eso debe reflejarse en su título de imputación. Una posibilidad es la de modificar en parte los requisitos que se exigen para hablar de coautoría y considerarle como uno de estos coautores. Pero esta solución hace nacer y esconde otros problemas que, en el extremo, no abocan a otra salida que aceptar el concepto unitario de autor, palabra que, sin más aditivos, habla a la perfección de lo que Marquina fue para los dos robos tan bien narrados en esta serie.

# EL GABINETE DEL DOCTOR CALIGARI: CINE, SUEÑO Y DERECHO PENAL

EMILIO ABRAHAM SPÓSITO

*Estudiante del Grado en Derecho*

Finalizada la Gran Guerra, cayeron y se hicieron añicos los cuatro colosos de Europa central y oriental: los imperios alemán, austrohúngaro, otomano y ruso. Junto a ellos desaparecieron los referentes simbólicos de más de 300 millones de personas, amenazadas por peligros que no sabían si podrían enfrentar. Al mismo tiempo, el cine se consolidó como un instrumento de comunicación de masas, capaz de expresar el entorno y, sobre todo, los sueños de la sociedad. En 1920 ya se habían visto apasionados besos (*Hacia el abismo*, 1911), epopeyas históricas (*Cabiria*, 1914) y divertidas historias de un hombre común (*Carreras de autos para niños en Venice*, 1914).

La situación alemana a principios de los años veinte del siglo pasado se reflejó en una pesadilla, en la primera película de terror de la historia del cine: *El gabinete del doctor Caligari*, 1920. El cine es un relato artístico, moderno, masivo, sobre los grandes conflictos humanos que, al igual que el sueño, *«es la realización disfrazada de un deseo reprimido»*[104]. De allí que el cine revele al estudioso anhelos y dificultades sociales de un momento y ofrezca luces al derecho sobre temas como el crimen y sus móviles.

*El gabinete del doctor Caligari*, de la productora UFA, fue dirigido por Robert Wiene, escrito por Hans Janowitz y Carl Mayer, y protagonizado por Friedrich Feher (Francis), Werner Krauss (Caligari), Conrad Veidt (Césare) y Lil Dagover (Jane). El film es considerado una de las máximas representaciones del cine expresionista alemán, entre las que también se cuentan clásicos como *Dr. Mabuse: El jugador* (1922), de Fritz Lang, o *Nosferatu: Una sinfonía del horror* (1922), de Friedrich Wilhelm Murnau.

En la historia de Janowitz y Mayer, alemanes de origen judío, se presenta a Francis, un paciente psiquiátrico que, a su vez, narra el caso del doctor Caligari, médico del sonámbulo Césare, que *«conoce todos los secretos, el pasado y el futuro…»*, de quien se

---

104   FREUD, S., *La interpretación de los sueños*, Akal, 2013, cap. IV.

sirve como parte de un espectáculo de feria de pueblo y… para cometer homicidios y violaciones. Los autores indicaron que la historia pretende atacar al prusianismo (*caliga* era la sandalia del legionario romano) y evoca la angustia que siguió a la derrota en la Primera Guerra Mundial.

El influyente crítico Siegfried Kracauer, también de origen judío, en su obra *De Caligari a Hitler: Una historia psicológica del cine alemán*, consideró la película como una anticipación de la relación de dominio entre Hitler y el pueblo germano. Casualmente, existió un verdadero doctor Caligari, aunque menos siniestro, llamado Giuseppe Calligaris, neurólogo italiano que escribió libros como *Le maraviglie della Metapsichica: I fenomeni mentali* (1940) o *La delinquenza malattia mentale* (1942).

Hoy diríamos que Césare padece de parasomnias o trastornos del sueño en sus primeras fases, es decir, «sin movimientos oculares rápidos» o *non-rapid eye movement* (NREM), entre las que destacan los terrores nocturnos y la sexsomnia o «sonambulismo sexual». Estudiosos de las parasomnias concuerdan aún hoy en calificar como no concluyentes las investigaciones en la materia y, por lo tanto, que existen dificultades al alegarlas ante los tribunales[105].

Por su riqueza descriptiva, es frecuente la referencia a sonámbulos en el arte. De las más conocidas, *La tragedia de Macbeth* (1623), de William Shakespeare, obra en la que Lady Macbeth deambula con los ojos abiertos pero con la conciencia cerrada (Acto V); o *La sonámbula* (1831), de Vicenzo Bellini, en la que Amina, durmiendo, parece que está despierta, y habla y hasta responde a cuanto se le pregunta (Acto II). En el cine, también se pueden mencionar la laureada película española *Sonámbulos* (1978), de Manuel Gutiérrez Aragón, o *La maldición del escorpión de jade* (2001), de Woody Allen, divertida comedia en torno a supuestos de hipnosis y sonambulismo.

El primer caso de sonambulismo conocido en los tribunales fue el de Albert J. Tirrell, acusado del asesinato de una prostituta en Boston (1864) y absuelto por padecer «locura del sueño» (*insanity of sleep*). Al norteamericano le siguieron el británico Brian Thomas (1950), acusado de estrangular a su esposa aquejado de «terrores nocturnos» (*pavor nocturnus*); el canadiense Kenneth Parks (1964), acusado de matar a su suegra alegando la condición de «*automatistic*»; o el británico Jules Lowe (1973), acusado de asesinar a su padre en un estado de excitación confusa (*a confusional arousal state*).

---

105  HROZANOVA, M. / MORRISON, I. / RIHA, R. L., «Adult NREM parasomnias: An update», *Clocks & Sleep*, vol. 1, núm. 1, 2019, pp. 87-104.

En España se conoce el caso de Paulino, citado por Santiago Mir Puig, guardia civil que bajo una *«ensoñación onírica o terror nocturno»* disparó contra un compañero causándole lesiones[106]; el de V. L., aquejado de parasomnia, quien creyendo ser atacado por avestruces, se defendió con un hacha y un martillo, causando la muerte de su esposa y suegra, así como lesiones a sus hijos[107]; y el caso de Dionisio, quien intentó sin éxito alegar una situación de sexomnia en el juicio por violación de su hija menor de 16 años[108].

Ahora bien, desde el punto de vista del Derecho Penal español, la actuación de Césare no pasa la criba de la teoría general del delito, quedándose apenas en la falta de acción. Los hechos de un sonámbulo se corresponden con la plena inconsciencia, uno de los tres supuestos de falta de acción contemplados por la doctrina. Ni siquiera resulta aplicable la *actio libera in causa*, que lleva a considerar la conducta humana precedente a la lesión del bien jurídicamente protegido, toda vez que, como señala Caligari en su pregón: *«el milagroso Césare ha dormido día y noche durante veintitrés años sin interrupción…»*. Respecto de esta enigmática frase, podría referirse a la invención del cine por los Lumière (1894) o del cinetoscopio por Edison (1897).

Caso distinto es el de Caligari, cuya conducta se subsume en la descrita por el artículo 28 del Código Penal, equivalente a lo dispuesto en el artículo 13 del Código de 1870, vigente en tiempos del filme alemán: *«son autores quienes realizan el hecho por sí solos, conjuntamente o por medio de otro del que se sirven como instrumento»*. En el diario del alevoso doctor se encuentra, si se quiere, una declaración de intenciones: *«obligar a un sonámbulo a cometer acciones que jamás consumaría estando despierto, acciones que abominaría, incluso inducirlo a cometer asesinato…»*.

Sin embargo, a propósito de la autoría mediata, Santiago Mir Puig señala que cuando la persona que sirve de instrumento actúa sin «acción», es decir, no realiza un comportamiento humano, equiparable al empleo de cualquier otro instrumento no humano, no cabe hablar de autoría mediata, sino de autoría directa[109].

En la pantalla de cine, en la mente del enfermo, en el consultorio de Caligari, aséptico e iluminado con luz eléctrica, se acrisolan los horrores que perseguirían a la humanidad durante más de un siglo. Todavía expectantes, nos espanta su promesa, o amenaza: *«Y ahora también conozco el camino hacia su recuperación»*.

---

106  SAP Zaragoza-Sección 3.ª 140/1999, de 7 de julio.
107  SAP Málaga-Sección 1.ª 100/2007, de 5 de febrero.
108  STSJ Andalucía 164/2023, de 9 de mayo.
109  MIR PUIG, S., *Derecho Penal, Parte General*, 10.ª ed., Reppertor, 2016, p. 392.

Cuando la ciencia pretendió suplantar a la religión como refugio de los enfermos y los necesitados, el médico resplandeció en la sociedad y la sanidad se impuso como receta para la ciudad y el Estado. No obstante, los evidentes beneficios, el médico que debía curar al enfermo se aprovechó de su condición para experimentar con él y, eventualmente, utilizarlo como instrumento en infinidad de crímenes.

A pesar de las apariencias o de lo peligroso, el enfermo resulta inocente porque no tiene voluntad, finalidad, no realiza acto alguno. Mientras que el médico es culpable, porque incumple las responsabilidades de su posición y, por el contrario, se sirve de ella para matar, violar y, sobre todo, reducir a la condición de objeto a su paciente, instrumento ciego de sus crímenes. El terror del film no está tanto en la anticipación de Hitler, sino en descubrir a Josef Mengele y sus experimentos mortales con prisioneros de los campos de concentración y exterminio.

# «¿QUIÉN ES? SOY YO»: *MRS. DOUBTFIRE* Y EL DELITO DE ALLANAMIENTO DE MORADA

## ANA BELÉN VALVERDE-CANO

*Contratada Ramón y Cajal UCM, Derecho penal*

Llaman a la puerta, abres, es el del contador del gas, qué raro, no han puesto ningún cartel de la comunidad en la puerta, pero aun así le dejas pasar y te lamentas de que la casa esté tan desordenada, qué apuro, qué va a pensar, él husmea por varias habitaciones buscando nosequé tubería o bajante, le explicas que acabas de llegar de las vacaciones y que tú no sueles tener ropa en el suelo, vamos, jamás, que pase a la cocina pero que te disculpe que estén los platos sin fregar, pero es que te tuviste que ir corriendo que perdías el tren y acabas de volver. Una hora después del mal rato, una joven pareja llama a la puerta porque quieren ver el piso, atropelladamente dicen que son Covadonga y Juan, que lo han visto en Idealista y que les interesa, se lo enseñas — no es habitual que una pareja joven quiera hipotecarse, qué majos, aún hay esperanza, aunque en concreto Covadonga se pone muy criticona con la presión del agua, y Juan no dice nada pero mira circunspecto y con ojos de ingeniero las humedades—, menos mal que has tenido algo de tiempo para recoger. Cuando se van, piensas que quizás pides demasiado por el piso. Por la tarde, y por casualidad, das con un hilo en redes sociales donde una joven pareja explica que la mejor manera de que un vendedor acepte una oferta más baja es la desmotivación, que ellos suelen ir con alguien que es el que realmente quiere comprar, y ve el piso fingiendo que es el del contador del gas, o un testigo de Jehová, aunque eso ahora no funciona nunca, y que luego entran ellos, con apariencia afable, pero sabiendo dónde morder. Tú, después de leer ese ingrato *modus operandi*, te sientes desmoralizado, y sobre todo te acuerdas del disgusto de la mañana, de las explicaciones por la ropa en el suelo, y de que Covadonga y Juan se han detenido viendo tus fotos de verano, y tú creyendo que ellos estaban pensando en que pondrían sus propias fotos en esas mismas repisas, pero no, era pura curiosidad.

Como estudiaste Derecho, porque el que vale, vale, y el que no, a Derecho, te preguntas si has sido víctima de un delito, porque ahora muchas cosas parece que lo son, luego de acordarte del artículo 202 del Código Penal. Este artículo se refiere al allanamiento de morada, y en concreto al «*particular que, sin habitar en ella, entrare en morada ajena o se mantuviere en la misma contra la voluntad de su morador*». Desde luego, no han entrado conforme a tu voluntad. Si hubieras tenido toda la información, no les hubieras dejado pasar, te hubieras hecho el muerto, que es lo que haces normalmente con los testigos de Jehová o incluso con el cartero del edificio, que parece que siempre llama a tu portero. En algún sentido, entraron en contra de tu voluntad, eso está claro. ¿Pero has sido víctima de un delito de allanamiento de morada? Llamas a una amiga de la carrera, que vive en Madrid, aunque estudiasteis en Granada, y le preguntas. Al otro lado de la línea carraspea y tú temes que te responda con esa voz condescendiente que ponen los juristas que se dedican al Derecho, los peores son siempre los profesores, cuánto odias esa voz, son incapaces de decirte sí o no, siempre depende, que qué buena pregunta y qué bonita discusión, bonita aunque estés hablando de violadores.

Para tu sorpresa, te pregunta que si has visto la película de *Mrs. Doubtfire*. Le dices que por supuesto, que tú por poco no te haces un tatuaje con la cara de Robin Williams, pero que fuiste incapaz de decidir si preferías la que tenía en *Flubber* o en *El Club de los Poetas Muertos,* que pocos consensos quedan en pie más resistentes que el afecto, la devoción de toda una generación de españoles por Don Robin Williams, quizás puede equipararse un poco a la de Juan Y Medio, pero a este último le pesa lo de ser andaluz. En este punto te interrumpe, tan bruscamente que no eres capaz de decir nada:

«Escúchame con atención porque esto no te lo voy a repetir y hoy estoy muy ocupada. Si me interrumpes, cuelgo —te guardas para ti las ganas de musitar 'sí', y asientes con la cabeza—. Te he preguntado si has visto *Mrs. Doubtfire* porque vuestros casos son parecidos. La respuesta a tu pregunta es discutible —cachis— y tiene que ver con el objeto del consentimiento. Por si no lo recuerdas, en la película hay dos personas que deciden divorciarse, y el juez acuerda que, como el padre no tiene trabajo ni una vivienda adecuada, los hijos van a vivir con la madre, y este solo puede ir a visitarlos los sábados. El padre, disconforme porque quiere verlos con más frecuencia, decide disfrazarse de señora mayor escocesa para que la madre, que no sospecha quién es la institutriz, lo contrate. La única razón por la que lo contrata, y por la que lo deja entrar en casa, es que piensa que es una persona distinta.

Es cierto que el artículo 202 del Código Penal castiga la entrada "en contra de la voluntad del morador", pero no es evidente qué es lo que este debe conocer para que se trate de un acceso *conforme* a su voluntad:

¿los motivos por los que accede? ¿La verdadera identidad del que llama a la puerta? ¿Si una persona organiza una fiesta en casa y, cuando está completamente ebria, permite a un caradura que no había sido invitado entrar, puede decirse que ha dado un consentimiento válido, que ese 'sí, pasa' es conforme a su voluntad?

Parece razonable sostener que no importan los errores en los motivos —conocidos como "fraudes en la inducción"—. Equivocarse en el *por qué* se permite que el acceso no invalida el consentimiento porque lo que debe conocerse, es decir, lo que debe abarcar el dolo en el delito de allanamiento, es únicamente el hecho de que otra persona que no habita en la casa acceda a ella. Ese es el objeto del consentimiento. Si la persona consigue cumplir su deseo de entrar a olismear, mintiendo sobre los motivos reales por los que quiere entrar, no se consumaría un delito de allanamiento que nunca se intentó. Por lo tanto, ni Covadonga, ni Juan, ni el contador del gas parece que han cometido delito alguno.

Los engaños sobre la identidad, como el que ejecuta *Mrs. Doubtfire*, plantean sin embargo problemas de mayor calado. Estos afectan directamente al objeto del consentimiento, es decir, al particular que accede a la vivienda —aunque en cierta medida también estén relacionados con los motivos que se ofrecen para que se diga "sí"—. Se trata de "fraudes en el hecho" y son más espinosos porque pueden tener un impacto mayor sobre la intimidad, que es en definitiva lo que protege el delito de allanamiento. Seguramente se vea mejor el problema si lo comparamos con el del consentimiento en las relaciones sexuales, porque las reflexiones al respecto son mucho más refinadas. Se suele poner el ejemplo de la mujer que, por error, mantiene relaciones sexuales con quien cree que es su marido, pero en realidad se trata de su hermano gemelo. Intuitivamente, nos parece que estamos ante una relación sexual no consentida, a pesar de que todo lo que parece ser importante para dar válidamente el consentimiento sexual está presente. Esto se debe a que en ocasiones puede decirse que existe una obligación reforzada de dar información adicional sobre el objeto que ha de consentirse, como cuando el hecho de su no revelación pueda ser particularmente incisivo para la intimidad, por ejemplo, si la persona que consigue entrar es un policía que sospecha que se están cometiendo delitos en el domicilio, pero no tiene pruebas suficientes para obtener una autorización judicial de entrada y registro. Esto no nos plantea ningún problema en *Mrs. Doubtfire* porque Robin Williams es un padre que se desvive genuinamente por sus hijos y que mantiene una relación amistosa con su exmujer. Quizás nuestra opinión sería diferente si utilizara esa artimaña con el objetivo de volver a pasearse por su antigua casa, que ahora tiene vedada, o para enterarse de si Sally Field ha rehecho su vida. Debo advertir, para que no se me malinterprete, que aunque sea útil hacer paralelismos con los delitos contra la libertad sexual, estos deben tomarse con cautela, porque las obligaciones de veracidad son distintas en ambos casos, así como los estándares para consentir. La razón es simple: lo que está en juego es radicalmente distinto. El "sí" de una persona ebria que abre la puerta y permite que entre el caradura en su casa puede ser perfectamente válido, aunque no lo sea el "sí" con el que a continuación responde a su petición de mantener relaciones sexuales.

Por lo tanto, y ya voy concluyendo: no, no creo que hayas sido víctima de un delito de allanamiento de morada, aunque tendrías de tu parte cierta jurisprudencia del Tribunal Supremo, ya que en la sentencia 692/2014, de 29 de octubre, se condena por este delito a un sujeto que se hace pasar por un sacerdote para entrar en el domicilio de Bárcenas. Sin embargo, creo que este caso está muy influido por lo que ocurre después, que es que el falso sacerdote los secuestra, por lo que hay un momento a partir del cual *indudablemente* se permaneció en la casa en contra de la voluntad de sus ocupantes. En cualquier caso, no te recomiendo que te metas en ese jaleo, además, tú misma me has dicho que la pareja tenía ojos de querer comprar, a lo mejor solo se están entrenando para cuando ahorren. ¿Cuándo vienes por Madrid? Lo siento, tengo que marcharme, nos tomamos un café pronto, un beso, adiós».

Que no tenía tiempo, te dijo, cuando se ha tirado diez minutos hablando sin parar, que por escrito eliminas todas las muletillas y los vaivenes del habla, pero tú si los has tenido que escuchar. Pero te queda claro, por supuesto, si es que para qué llamas si cualquier jurista te dice siempre que lo mejor es que no vayas a juicio, que eso siempre es un dineral. Ahora que recuerdas *Mrs. Doubtfire*, te quedas pensando no ya en lo del allanamiento, sino en si es delito el que una señora a la que contratas por ser escocesa, buena cocinera y con una larga experiencia docente, no lo sea, si eso es un «perjuicio» en sentido jurídico y si puede ser delito de estafa. Quizás llames a tu amiga otro día, así le das un poco de trabajo, que siempre anda diciendo que está muy ocupada pero solo es sinvergonzonería porque únicamente tiene seis horas de clase a la semana, que lo has mirado en internet. Aunque solo sea para que te responda con un «pues mira, depende».